GRAMMAIRE DES ENFANTS

RECUEIL

DE

CENT PETITS DEVOIRS

QUI DOIVENT PRÉCÉDER LES DICTÉES

PAR

VICTOR AUBURTIN

ancien Collaborateur de M. H.-A. Dupont,
Directeur de l'Institution Dupont — Toffier

DEUXIÈME ÉDITION.

PARIS
LIBRAIRIE ÉLÉMENTAIRE DE E. DUCROCQ
10, RUE HAUTEFEUILLE
près la place Saint-André-des-Arts

LA GRAMMAIRE DES ENFANTS

RECUEIL

DE

CENT PETITS DEVOIRS

QUI DOIVENT PRÉCÉDER LES DICTÉES.

LA MÉTHODE POUR METTRE LA GRAMMAIRE
A LA PORTÉE DE L'ENFANCE
Par **H.-A. Dupont** et **V. Auburtin**

Se compose de **2** volumes.

La 1ʳᵉ PARTIE, 10ᵉ Édition, comprend :

L'Étude des mots. 1 volume in-12. Prix cartonné. . . . . 1 fr.

La 2ᵉ PARTIE, 6ᵉ Édition, forme :

La Phraséologie française élémentaire, ou Nouveaux Exercices de grammaire.
Comprenant :
1º L'étude de la proposition simple. — Questionnaire.
2º L'étude de la phrase. — Questionnaire.
3º La syntaxe des mots. — Questionnaire.
1 fort volume in-12. Prix, cartonné. . . . . 1 fr. 50

LA CITOLÉGIE
à l'usage des Mères de Famille
Par **H.-A. Dupont**,

18ᵉ Édition, contenant *l'application de la Nouvelle Épellation à l'étude de l'Orthographe usuelle.* 1 vol. grand in-8º, imprimé sur papier jésus vélin broché. **2 fr. 50 c.**
Cartonné. 3 fr.

Cet ouvrage, **approuvé** et **recommandé** par **l'Université** pour les écoles normales primaires, présente deux leçons en regard l'une de l'autre : — d'un côté la leçon de l'élève ; — en regard, l'instruction relative à cette même leçon.

C'est un guide infaillible non-seulement pour l'enseignement de la lecture, mais encore pour celui de *l'orthographe d'usage* dont les procédés, loin d'être *mécaniques*, ne reposent que sur une logique qui influe puissamment sur les études de l'enfance.

C'est un avantage qu'on ne devrait jamais oublier.

LE CALCUL MENTAL
ou
LE CALCUL LE PLUS ÉLÉMENTAIRE,
Par **H.-A. DUPONT**,
Instituteur, chevalier de la Légion d'honneur.

14 Tableaux In-plano, à l'usage des salles d'Asile, des Écoles d'enseignement simultané et d'enseignement mutuel. Prix. 2 fr.

Saint-Denis. — Typographie de A. Moulin.

LA GRAMMAIRE DES ENFANTS

RECUEIL

DE

CENT PETITS DEVOIRS

QUI DOIVENT PRÉCÉDER LES DICTÉES

PAR

VICTOR AUBURTIN

PROFESSEUR

Ancien Collaborateur de M. H.-A. Dupont.

TROISIÈME ÉDITION

PARIS

LIBRAIRIE ÉLÉMENTAIRE DE E. DUCROCQ

55, RUE DE SEINE

Vis-à-vis la rue Jacob, ci-devant rue Hautefeuille

—

1866

1867

ACADÉMIE D'AIX.

« J'ai l'honneur de vous informer que le conseil académique d'Aix a décidé, dans sa dernière session de novembre, qu'il y avait lieu de proposer à M. le Ministre d'autoriser, pour être mis provisoirement et à titre d'essai entre les mains des élèves, l'ouvrage suivant : *Grammaire des enfants, Recueil de cent petits Devoirs*, par M. Victor Auburtin. »

Le Recteur de l'Académie,
Signé : MOTTET.

Aix, 12 avril 1858.

ACADÉMIE DE CLERMONT-FERRAND

Clermont, le 11 août 1858.

« J'ai mis sous les yeux du conseil académique, dans sa session du mois de juin dernier, les deux ouvrages que vous m'avez adressés à cet effet.

» Après examen, le conseil a jugé que celui de ces livres qui a pour titre : *Recueil de cent petits Devoirs*, peut seul être mis utilement entre les mains des élèves des écoles primaires, où il a été d'avis que l'usage en fût autorisé. »

Recevez,

Pour le Recteur en tournée,
L'Inspecteur délégué,
Signé : LAURENT.

M. AUBURTIN, faubourg Saint-Honoré, 106, Paris.

PRÉFACE

DE LA PREMIÈRE ÉDITION.

Bien des personnes croient encore aujourd'hui que le meilleur moyen d'enseigner l'orthographe aux enfants est de commencer par des dictées : c'est là une grave erreur. On le comprendra facilement si l'on songe qu'une dictée offre toujours la plupart des difficultés de la grammaire, et qu'il n'est pas possible d'exiger, même des élèves les plus intelligents, l'application de règles qu'ils ne connaissent pas.

Nous croyons donc être utile aux mères de familles et aux instituteurs en publiant les exercices qui précèdent toujours les dictées dans le cours de grammaire que nous faisons aux élèves de notre Institution [1].

Nous nous sommes inspiré, dans ce travail, des leçons de pédagogie de notre ancien collaborateur et ami, feu M. Dupont. C'est à la méthode de grammaire de cet illustre maître que nous avons emprunté l'idée si

---

[1] L'institution Dupont-Tuffier, 106, faubourg Saint-Honoré.

ingénieuse du changement de nombre dans les phrases, idée qui vient d'être exploitée par certains compilateurs qui n'ont pas craint de la donner comme leur.

Nous nous sommes fait un devoir de ne mettre sous les yeux des enfants que des mots bien écrits, que des phrases correctes, bien convaincu qu'ils apprennent plus par ce qu'ils voient que par ce qu'ils entendent, et que leur présenter, comme moyen d'enseignement, des phrases fautives à corriger, c'est aller contre le but qu'on se propose.

Nous savons encore par expérience que les définitions abstraites n'apprennent rien aux commençants; aussi avons-nous eu soin de réduire le plus possible la partie dogmatique pour nous occuper spécialement de l'orthographe.

En un mot, nous avons essayé de rendre moins pénibles aux jeunes enfants les commencements toujours si arides de l'étude de la grammaire. Avons-nous réussi? Les résultats que nous avons constamment obtenus par l'emploi de notre méthode nous donnent le droit de l'espérer. Dans tous les cas, nous recevrons avec reconnaissance les observations que les mères de famille ou les instituteurs voudront bien nous adresser sur la composition de ce petit ouvrage.

AUBURTIN.

LA GRAMMAIRE DES ENFANTS

REMARQUES. 1° Les nᵒˢ de grammaire doivent être appris par cœur.
2° Les devoirs doivent être faits oralement avant d'être faits par écrit.
3° Dès le début, les élèves conjugueront, à la suite de chaque devoir, deux temps d'un verbe de la 1ʳᵉ conjugaison.
(Voir cette conjugaison, page 45.)

DES NOMS.

1. Il n'y a dans le monde que des *personnes,* des *animaux* et des *choses.*

Les hommes, les femmes, les petits garçons et les petites filles sont des *personnes.*

Nous savons tous ce que c'est qu'un animal : c'est un être organisé et doué de sensibilité, comme le *chien,* la *brebis,* le *cheval,* etc.

Tout ce qui n'est pas une personne ou un animal est une *chose.* Ainsi un *arbre* est une chose, un *lit* est une chose, *Paris* est une chose, etc.

2. Les mots qui servent à nommer les personnes, les animaux ou les choses sont des NOMS.

Devoir n° 1. Copiez les noms suivants ; mettez la lettre *p* après chaque nom de personne, la lettre *a* après chaque nom d'animal, et les lettres *ch* après chaque nom de chose.

Blé, cocher, chat, soldat, carafe, couturière, geôlier, colombe, serviette, confiseur, tonnelier, tourneur, bedeau, pain, chèvre, serpette, jambe, fleur, poisson, braise, sabotier, boulanger, plume, robe, sergent, moineau, banc, domestique, soulier, gendarme, crayon, cachet, bijoutier, plâtre, sacristain, nuage, gant, treille, souris, barque, poison, poussière, brosse, cheval, cuisine, garçon, montre, sonnette, tablier, libraire, noisette, prison, médecin, poirier, doreur, pierre, sacristie, groseille, mouton, vigne, bouche, colonne, lit, charbon, brouette, maison, colonel, fille, pendule, vieillard, perroquet, demoiselle, prune, poêle, pompier, menuisier, voiture, parquet, maire, groseillier, serrurier, vigneron, doigt, colporteur, drap, boue, chien, village, citron, fruit, bougie, mouillette, botte, pommier, jambon, laboureur, persienne, voiturier, plafond, mairie, prédicateur, serrure, bière, sang, couleur, toile, café, boudin, paveur, bûcheron, rat, chemise, chapelle, pomme, poire, officier, lampe, chandelle, biscuit, capitaine, chapelier, panier, prêtre, vin, fer, gantier, forge, melon, pied, forgeron, main, veine, cordon, tête, ruban, moisson, manœuvre, tuile, postillon, palefrenier, mur.

Trouvez trois noms de personnes, trois noms de choses et trois noms d'animaux.

Modèle du devoir.

Blé, ch.
Cocher, p.
Chat, a.

NOMS PROPRES ET NOMS COMMUNS.

3. Les NOMS PROPRES sont ceux qui désignent en particulier certaine personne ou certaine chose, comme *Henri, Julien, Paris, Orléans*, etc.

4. Les NOMS COMMUNS sont ceux qui conviennent en général à tous les êtres de la même espèce; tels sont : *homme, ville, arbre*, etc.

Les noms propres commencent tous par une lettre majuscule.

Devoir n° 2. Copiez les noms suivants; placez les lettres *n. c.* après chaque nom commun, et les lettres *n. pr.* après chaque nom propre.

Bordeaux, Nicolas, charpentier, Turquie, cabaret, cabinet, Asie, Europe, déserteur, département, datte, Célestine, François, Eugénie, désert, dessert, douanier, drapeau, Versailles, Seine, détroit, Charles, Dupont, barre, barrière, baril, banquette, baptême, bannière, bande, bâton, Pierre, Paul, France, Loiret, couvreur, caisse, calotte, Italie, Turin, Milan, Rome, Philippe, camp, caniche, canapé, canette, Prusse, Alexandre, Vienne, Afrique, buisson, buste, but, buvette, buffle, Alger, Oran, Constantine, Tunis, cantique, canton, capuchon, capote, carabine, Amérique, Océanie, Laponie, Athènes, Simon, labyrinthe, Russie, Saxe, Suisse, Danube, Frédéric, macaron, mâchoire, madrier, magistrat, Lucien, Élise, maillet, maïs, Étienne, major, malédiction, Londres, Rhin, paillasson, paillasse, paille, Napoléon, Stockholm, caravane, caresse, carotte, Rollin, Roland, Masséna, carrière, caserne, casque, Crimée, Sévastopol, béquille, billet, bitume, blessure, Pologne, bluet, boîte, bonnet, bottine, bouquet, Grèce, Venise, Nice, date, datte, déjeuner, dévidoir, Christine, Edmond, Lamartine, diamant, digue, Ancône, Naples, Vésuve, Messine, fable, façade, facteur, faïence, fagot, Hambourg, Lubeck, Hollande, gage, galet, garenne, gaufre, gaule, Moselle, Metz, Meuse, Adrien, Octave.

Trouvez six noms propres et six noms communs.

Modèle du devoir.

Bassin,	n. c.
Cocher,	n. c.
Louise,	n. pr.

NOMS ABSTRAITS.

5. Les choses que nous comprenons, mais que nous ne pouvons ni voir, ni sentir, ni toucher, ni entendre, c'est-à-dire qui ne tombent sous aucun de nos sens, sont des choses *abstraites*, et les mots qui servent à les nommer sont appelés NOMS ABSTRAITS ; tels sont les noms *bonté, puissance, paresse*, etc.

Nota. Les noms *Dieu, Jésus-Christ, ange, archange, âme*, et tous ceux qui nous sont révélés par la religion, sont appelés NOMS SPIRITUELS.

Devoir n° 3. Copiez les noms suivants; placez les lettres *n. c.* après chaque nom commun, les lettres *n. p.* après chaque nom propre, et les lettres *n. abstr.* après chaque nom abstrait.

Berlin, boulet, éternité, science, bonté, sagesse, Adam, Ève, Abel, Caïn, catéchisme, cassette, catafalque, Moscou, Ney, Suède, justice, cave, création, Californie, bonheur, bénéfice, Marguerite, chagrin, décorateur, Danemark, Belgique, Kléber, vie, innocence, impiété, Gustave, bac, beauté, durillon, daim, décence, décime, Amélie, douceur, Adolphe, Tamise, intelligence, découpeur, dent, déshonneur, volonté, paresse, Piémont, Sardaigne, Hélène, habileté, hache, hachette, habitude, hachoir, haie, Isidore, gourmandise, curiosité, espérance, espoir, Bernard, haillon, Agathe, Dominique, gâche, gaieté, gain, galerie, garantie, Genève, Gênes, Jean, jabot, galop, jalon, jalousie, Marengo, Jacques, plaisir, promesse, Toscane, jaquette, jardin, jarret, jarretière, jeunesse, Macdonald, Rousseau, Lucerne, joie, lâcheté, laideur, laitue, Allemagne, lampion, lancette, Moreau, Hoche, affection, angoisse, peur, Turenne, Condé, égard, épouvante, élégance, ennui, envie, erreur, haine, Wurtemberg, Stuttgard, Constantinople, hallebarde, halte, hamac, hanche, hangar, hanneton, haquet, harangue, hardiesse, hareng, Charlemagne, rabot, raccommodage, racine, Marc, rade, complaisance, compliment, connaissance, constance, confiance, colère, consentement, caverne, Pompée, Marius, Romulus, Nantes, Vendée, Nevers, Blois, Tours, Julie, Aude.

Trouvez quatre noms propres de personnes, quatre noms propres de choses, et quatre noms abstraits.

Modèle du devoir.

Berlin,	n. pr.
Boulet,	n. c.
Éternité,	n. abstr.

DU GENRE DES NOMS.

6. Les êtres animés sont *mâles* ou *femelles*; de là deux genres pour les noms : le genre *masculin* et le genre *féminin*. Les noms des *mâles* sont du genre *masculin*, et les noms des *femelles* sont du genre *féminin*.

Les êtres inanimés sont aussi du genre masculin ou du genre féminin, mais sans autre raison que celle de l'usage.

Moyen de reconnaître le genre des noms.

7. Les noms devant lesquels on peut mettre le mot LE ou UN sont du genre *masculin*; ceux devant lesquels il faut mettre LA ou UNE sont du genre *féminin*. Ainsi le nom *raisin* est du genre masculin parce qu'on dit LE *raisin* ou UN *raisin*; le nom *poire* est du genre *féminin* parce qu'on doit dire LA *poire* ou UNE *poire*.

Devoir n° 4. Copiez les noms suivants; placez le mot *le* devant les noms *masculins* et le mot *la* devant les noms *féminins*. Mettez un *m* après chaque nom masculin, et un *f* après chaque nom féminin.

Bourse, factionnaire, bride, gamelle, jeunesse, cellier, lanterne, chaîne, harpon, garantie, raffineur, tabac, taillandier, barbe, faisan, gazette, bûche, bouillon, bouquetière, départ, gamme, juge, cercle, lapidaire, chanoine, gargouille, hyène, panache, rafraîchissement, tisserand, vaccine, barbier, famille, gazon, braconnier, bouton, confesseur, dépense, hareng, jugement, cercueil, maladresse, cérémonie, garnison, housse, pancarte, sable, tabernacle, vainqueur, bijouterie, farce, geai, brancard, cataplasme, chirurgien, dinde, harengère, kiosque, chocolat, malfaiteur, chaise, garniture, haquet, piéton, table, sabre, vaisselle, bouquiniste, farine, gelée, brocanteur, cathédrale, fabricant, dindon, hardiesse, bourg, lancier, malheur, chalet, gondole, hache, rameur, sac, tablier, vague, compagnon, fatigue, gencive, brique, honte, bourgeon, fabrique, décrotteur, harpe, brodequin, langouste, malice, chapelain, gondolier, paillette, rabbin, sachet, tabouret, vaillance, drapier, faubourg, gibecière, bretelle, branche, faction, galette, hauteur, bruit, lanière, mal, chapitre, gendarme, palette, raffinerie, sacoche, tache, valet, droguiste, fondeur, giberne, jeton, malle, chair, chaleur, palissade, ragoût.

Trouvez six noms *masculins* et six noms *féminins*.

Modèle du devoir.

La bourse, f.
Le factionnaire. m.

DE L'ARTICLE.

8. Les petits mots LE, LA, LES, qui se placent devant les noms communs, s'appellent l'*article*.

9. La lettre e de l'article *le* et la lettre a de l'article *la* se remplacent par une apostrophe devant les noms qui commencent par une voyelle ou par un *h* muet. Ainsi l'on dit L'*avocat*, L'*eau*, L'*herbe*, pour LE *avocat*, LA *eau*, LA *herbe*, ce qui serait désagréable à l'oreille.

Nota. Les voyelles sont : *a, e, i, o, u, y*.

L'*h* est muet lorsqu'il ne se fait pas du tout sentir dans la prononciation.

Devoir n° 5. Copiez les noms suivants ; placez l'article *le* devant les noms du genre masculin, l'article *la* devant les noms du genre féminin, et mettez seulement *l'* devant tous les noms qui commencent par une voyelle ou par un *h* muet. Continuez à mettre un *m* après les noms masculins, et un *f* après les noms féminins.

Bague, facteur, illumination, hirondelle, obstacle, acacia, habillement, dessein, éclair, imposture, balance, écritoire, quadrupède, incendie, herbier, hêtre, ébéniste, abbaye, image, gélinote, obusier, accroc, habit, urne, éclipse, girafe, baïonnette, écriture, affront, faveur, hotte, âge, heure, ébène, abbé, baguette, gerçure, nacelle, piété, habitation, usage, écran, fauteuil, acier, balai, fente, oiseleur, parent, journée, certificat, abreuvoir, bahut, germe, paquet, hâbleur, ustensile, écorchure, joaillier, langage, balcon odeur, givre, olive, parfum, larme, dette, abri, baignoire, giroflée, nageur, héron, usine, parc, oculiste, lard, dispute, nappe, glace, olivier, chardon, latte, écaille, chambre, horloger, orange, naissance, découverte, maladie, parchemin, oignon, affiche, mannequin, narine, imprudence, ferme, charité, industrie, écharpe, chant, horloge, oranger, absinthe, parapluie, découverte, manchot, occasion, imprimeur, écrivain, impôt, écrou, invention, échelle, idée, huile, accident, obéissance, paratonnerre, déluge, pardon, manche, cire, écrin, quai, jour, glacière, feuille, histoire, feuillet.

Trouvez dans un livre huit noms qui commencent par une voyelle et quatre noms qui commencent par un *h* muet.

Modèle du devoir.

La bague,   f.
Le facteur,   m.
L'illumination,   f.

FORMATION DU FÉMININ DANS LES NOMS.

10. Il suffit d'ajouter un *e* muet à beaucoup de noms masculins pour former les mêmes noms au féminin. Ainsi *marchand* fait *marchand*E, *crémier*, *crémièr*E, etc.

On voit par ce dernier exemple que les noms en *er* prennent de plus un accent grave sur l'*e* qui précède le *r*.

Devoir n° 6. Écrivez les noms suivants au *masculin* et au *féminin*. Placez le mot *un* devant les noms masculins et le mot *une* devant les noms féminins.

Apprenti, ouvrier, fermier, héritier, écolier, villageois, berger, portier, cuisinier, marchand, bourgeois, boucher, cabaretier, cantinier, charbonnier, charcutier, chaudronnier, chiffonnier, client, commerçant, concurrent, confident, conseiller, débitant, épicier, intrigant, marquis, plaignant, teinturier, cousin, faïencier, jardinier, mendiant, vivandier, défunt, figurant, laitier, messager, postulant, voisin, coutelier, écailler, fruitier, limonadier, meunier, mercier, aïeul, créancier, écuyer, gantier, linger, parent, rentier, bisaïeul, émigré, infirmier, marié, pâtissier, tapissier, filleul, lapin.

Africain, Français, Danois, Polonais, Hongrois, Portugais, Lyonnais, Américain, Anglais, Suédois, Allemand, Espagnol, Persan, Lorrain, Champenois, Flamand, Auvergnat, Provençal, Bordelais.

Modèle du devoir.

Masculin.	*Féminin.*
Un apprenti,	Une apprentie.
Un ouvrier,	Une ouvrière.

11. Il y a quelques noms qui doublent leur dernière consonne avant de prendre l'e muet.

Ex. : *Un musicien, une musicienne.*

Nota. Les consonnes sont les lettres *b, c, d, f, g, h, j, k, l, m, n, p, q, r, s, t, v, x, z.*

12. D'autres noms, terminés en EUR au masculin, changent EUR en EUSE pour former le même nom au féminin.

Ex. : *Un brodeur, une brodeuse.*

13. Enfin certains noms terminés en TEUR au masculin changent TEUR en TRICE au féminin.

Ex. : *Un acteur, une actrice.*

Devoir n° 7. Écrivez les noms suivants au *masculin* et au *féminin*; placez le mot *un* devant les noms masculins et le mot *une* devant les noms féminins.

Noms qui doublent leur dernière consonne au féminin avant de prendre l'E muet.

Citoyen, comédien, concitoyen, fripon, gardien, magicien, patricien, plébéien, musicien, baron, paysan, lion, chien, chat.

Européen, Prussien, Saxon, Italien, Égyptien, Alsacien, Vosgien, Bourguignon, Breton, Languedocien, Nancéen, Hanovrien, Parisien, Autrichien, Océanien, Éthiopien, Péruvien, Brésilien.

Noms qui changent EUR *en* EUSE *au féminin.*

Baigneur, blanchisseur, balayeur, danseur, enlumineur, empoisonneur, faneur, flatteur, glaneur, joueur, parfumeur, pleureur, rapporteur, recéleur, brunisseur, tailleur, voleur, voyageur, porteur, vendeur, conteur, doreur, découpeur, dormeur, brodeur, vendangeur.

Noms qui changent TEUR *en* TRICE *au féminin.*

Accusateur, admirateur, bienfaiteur, conducteur, conservateur, consolateur, donateur, exécuteur, instituteur, libérateur, persécuteur, protecteur, spectateur, tentateur, testateur, tuteur, usurpateur, directeur, inspecteur, acteur.

Modèle du devoir.

Masculin.	*Féminin.*
Un citoyen,	Une citoyenne.

14. Beaucoup de noms d'hommes ou d'animaux ont une forme particulière pour chaque genre.
Exemples : *Un homme, une femme.*
Un cheval, une jument.

Devoir n° 8. Copiez les noms du tableau suivant ; placez le mot *un* devant les noms masculins et le mot *une* devant les noms féminins.

15.

Masculin.	Féminin.	Masculin.	Féminin.
Empereur,	impératrice.	Neveu,	nièce.
Roi,	reine.	Mari,	femme.
Prince,	princesse.	Parrain,	marraine.
Duc,	duchesse.	Hôte,	hôtesse.
Gouverneur,	gouvernante.	Serviteur,	servante.
Comte,	comtesse.	Cheval,	jument.
Ambassadeur,	ambassadrice.	Ane,	ânesse.
Turc,	turque.	Taureau,	vache.
Grec,	Grecque.	Bélier,	brebis.
Suisse,	Suissesse.	Bouc,	chèvre.
Juif,	juive.	Verrat,	truie.
Homme,	femme.	Coq,	poule.
Fils,	fille,	Jars,	oie.
Frère,	sœur.	Canard,	cane.
Oncle,	tante.	Lièvre,	hase.
Époux,	épouse.	Sanglier,	laie.
Gendre,	bru.	Cerf,	biche.
Maître,	maîtresse.	Loup,	louve.
Père,	mère.	Tigre,	tigresse.
Garçon,	fille.	Dindon,	dinde.
Nègre,	négresse.		

Modèle du devoir.

Masculin.	Féminin.
Un empereur,	Une impératrice.

Récapitulation.

Devoir n° 9. Écrivez les noms suivants au *masculin* et au *féminin*.

1re partie. Placez l'article *le* devant les noms masculins, l'article *la* devant les noms féminins, et seulement *l'* devant tous les noms qui commencent par une voyelle ou par un *h* muet.

Homme, père, fils, garçon, frère, cousin, oncle, neveu, époux, mari, gendre, parrain, filleul, hôte, serviteur, voisin, orphelin, empereur, roi, prince, duc, marquis, baron, gouverneur, ambassadeur, inspecteur, directeur, protecteur, instituteur, acteur, ouvrier, fermier, berger, jardinier, portier, héritier, cuisinier, écolier, marchand, paysan, bourgeois.

Cheval, âne, taureau, bélier, bouc, verrat, chien, chat, coq, jars, dindon, canard, lièvre, sanglier, cerf, loup, lion, tigre.

2ᵉ partie. Placez le mot *un* devant les noms masculins et le mot *une* devant les noms féminins.

Européen, Africain, Américain, Océanien, Français, Anglais, Danois, Suédois, Hollandais, Hongrois, Hanovrien, Portugais, Saxon, Allemand, Italien, Suisse, Turc, Grec, Polonais, Espagnol, Juif, Égyptien, Éthiopien, Péruvien, Brésilien, Mexicain, Lorrain, Provençal, Bourguignon, Alsacien, Parisien, Lyonnais, Marseillais, Nancéen.

Modèle du devoir.

Masculin.	*Féminin.*
L'homme,	La femme.

DU NOMBRE.

16. Un nom est au nombre *singulier* lorsqu'il ne désigne qu'une seule personne ou qu'une seule chose (*singulier* veut dire un seul).

Exemple : *Le garçon, la poire.*

17. Un nom est au nombre *pluriel* lorsqu'il désigne plusieurs personnes ou plusieurs choses (pluriel veut dire plusieurs).

Exemple : *Les garçons, les poires.*

18. On voit par ce dernier exemple que, pour former le *pluriel* d'un nom, il faut ajouter la lettre *s* à la terminaison du singulier.

Devoir nº 10. Écrivez les noms suivants au *singulier* et au *pluriel.*

Placez l'article *le* devant les noms *masculins* au *singu-*

lier, l'article *la* devant les noms *féminins* au *singulier*, l'article *les* devant tous les noms *pluriels*.

N'oubliez pas de remplacer *le* ou *la* par *l'* lorsque le nom singulier commence par une voyelle ou par un *h* muet.

(Mettez un *m* après les noms masculins et un *f* après les noms féminins.)

Balancier, ballon, ballot, bal, balle, champignon, chanson, chansonnette, charlatan, châtaigne, châtaignier, diligence, dispute, distance, docteur, écumoire, édifice, édredon, écurie, effort, feuilleton, fiacre, ficelle, flageolet, flamme, glacière, gland, gobelet, gond, gosier, gousset, hirondelle, historien, historiette, hochet, homard, incertitude, indisposition, inconvénient, information, infirmité, lavement, légion, levraut, lettre, lessive, légume, mansarde, manufacturier, manufacture, manuscrit, maraîcher, marbrier, nation, navet, nèfle, néflier, négligence, nécessité, omelette, ongle, opinion, orage, orange, oranger, oreille, poignard, poignet, point, pointe, poirier, poitrine, quartier, querelle, quenouille, question, quittance, poing,

Trouvez six noms de personnes au singulier et six noms de choses au pluriel.

Modèle du devoir.

Singulier.   *Pluriel.*
Le balancier, m.   Les balanciers, m.

19. Les noms terminés au singulier par *s*, *x*, *z*, s'écrivent de même au pluriel.

Ex. : Le *palais*, les *palais*; la *croix*, les *croix*; le *nez*, les *nez*.

20. Il y a des noms qui ne s'emploient qu'au singulier, tels sont les noms *or*, *argent*, *justice*, etc.

21. Il y en a d'autres qui ne s'emploient qu'au pluriel, comme *besicles*, *broussailles*, etc.

AJDECTIFS DÉMONSTRATIFS.

22. L'adjectif démonstratif sert à montrer, à déterminer la personne ou la chose dont on parle.

Il s'écrit : *ce*   devant un nom masculin singulier ;
            cette devant un nom féminin singulier ;
            ces devant tous les noms pluriels.

On met : *cet* au lieu de *ce* devant les noms masculins, au singulier, qui commencent par une voyelle ou par un *h* muet.

Devoir n° 11. Écrivez les noms suivants au *singulier* et au *pluriel* ; placez un *adjectif démonstratif* devant chaque nom.

Nota. Les noms qui ne s'emploient qu'au singulier sont en *italique* ; ceux qui ne s'emploient qu'au pluriel sont en CAPITALES.

Alarme, *argent*, voyage, vasistas, voix, bas, baraque, *enfance*, *adolescence*, *baume*, boutique condamnation, coussin, cadenas, lambris, gaz, crucifix, loyer, bois, BROUTILLES, HARDES, livre, lutte, *loyauté*, marais, matelas, MOUCHETTES, mets, noix, *or*, *jeunesse*, nourrice, noisette, *orgueil*, obus, ouragan, outrage, ENTRAILLES, MATÉRIAUX, procès, pois, bois, riz, vers, *arrogance*, atlas, abus, tabatière, talent, tambour, tamis, *faim*, *soif*, tempête, temple, tapis, FIANÇAILLES, discours, TÉNÈBRES, marbre, marchandise, marguillier, remords, prix, os, DOLÉANCES, *modération*, marmite, marmotte, MOEURS, logis, lucarne, lis, laquais, numéro, ours, *patience*, pays, perdrix, BALAYURES, châtiment, chêne, héros, ÉPLUCHURES, épaule, épaulette, houx, jus, lilas, taffetas.

Trouvez dans un livre douze noms déterminés par l'adjectif démonstratif.

Modèle du devoir.

Singulier.	*Pluriel.*
Cette alarme,	Ces alarmes.
Cet argent,	
Ce voyage.	Ces voyages.

23. Les noms terminés au singulier par *au*, par *eu* ou par *œu*, prennent *x* au pluriel.

Ex. : Ce *noyau*, ces *noyaux* ; ce *cheveu*, ces *cheveux* ; ce *vœu*, ces *vœux*.

Exception : Ce *landau*, ces *landaus*.

Devoir n° **12.** Écrivez les noms suivants au *singulier* et au *pluriel* ; placez un *adjectif démonstratif* devant chaque nom. N'oubliez pas de mettre *cet* au lieu de *ce* devant les noms masculins, au singulier, qui commencent par une voyelle ou par un *h* muet.

Nota. Remarquez encore quelques noms qui ne s'emploient qu'au singulier, et d'autres qui ne s'emploient qu'au pluriel.

Devoir, cheminée, banquet, auteur, drapeau, malheureux, maquereau, ormeau, *persévérance*, vernis, tuyau, *pauvreté*, chapeau, autruche, escabeau, marteau, levraut, œuf, plateau, amas, verre, tumeur, fardeau, panais, ARRHES, confession, matelot, lézard, boyau, plaisir, bureau, pruneau, fuseau, paysage, baliveau, puits, feu, cheveu, bécasseau, sanglot, bandeau, perdreau, *humilité*, prospectus, landau, aveu, réchaud, artichaut, damas, caveau, poteau, souris, *fraîcheur*, *habileté*, radeau, outil, *avarice*, refus, pieu, *ivresse*, panaris, propos, vœu, autorisation, PLEURS, rameau, ouverture, bedeau, lieu, eau, javelot, *noblesse*, IMMONDICES, seau, augmentation, victoire, pâte, *indolence*, oiseau, physicien, pensionnaire, moineau, nœud, arbrisseau, VITRAUX, tuilerie, patte, pipe, fourneau, veau, Hébreu.

Trouvez douze noms qui commencent par une voyelle ou par un *h* muet, et déterminez-les par l'adjectif démonstratif.

Modèle du devoir.

Singulier.	*Pluriel.*
Ce devoir,	Ces devoirs.
Cette cheminée,	Ces cheminés.

24. Sept noms, terminés au singulier par *ou*, prennent un *x* au pluriel ; ce sont les noms *bijou, caillou, chou, genou, joujou, hibou* et *pou*.

Les autres noms de cette terminaison suivent la règle générale et prennent un *s*. On écrit : *ce verrou, ces verrous ; ce trou, ces trous,* etc.

Devoir n° 13. Écrivez les noms suivants au *singulier* et au *pluriel ;* placez un *adjectif démonstratif* devant chaque nom.

Amande, amende, verrou, vignette, tige, trottoir, rougeur, roue, caillou, réunion, reinette, couteau, pharmacie, perdrigon, cou, pot, ordonnance, goût, ordre, nouvelle, missionnaire, moucheron bambou, médicament, lorgnette, louange, sapajou, liquide, légume, jeu, jambonneau, hibou, travers, troupeau, succession, joujou, scorpion, solennité, toux, licou, résolution, clou, pioche, perruque, ouvrage, orage, trou, égout, médaille, mirabelle, muscle, housse, huile, hôtel, autel, écrou, atout, aveline, attestation, auberge, sou, intention, intendant, intérêt, filou, insecte, ermite, ermitage, erreur, coucou, érysipèle, framboisier, fou, genou.

Modèle du devoir.

Singulier.	*Pluriel.*
Cette amande.	Ces amandes.

25. Les noms terminés en *al* au singulier forment leur pluriel en changeant *al* en *aux*.

Exemples : *Le cheval, les chevaux ; le canal, les canaux,* etc.

Exceptions : *Bal, carnaval, chacal* et *régal* prennent un *s* au pluriel : *le bal, les bals,* etc.

26. Six noms, terminés en *ail* au singulier, changent *ail* en *aux* pour former leur pluriel ; ce sont les noms *bail, corail, émail, soupirail, travail* et *vantail*. On dit et l'on écrit : *le bail, les baux ; ce corail, ces coraux,* etc.

Tous les autres noms terminés en *ail* prennent un *s* au

pluriel : *ce gouvernail, ces gouvernails; le camail, les camails*, etc.

Devoir n° 14. Écrivez les noms suivants au *singulier* et au *pluriel ;* déterminez chaque nom par *l'article.*

(Mettez un *m* après les noms masculins et un *f* après les noms féminins.)

Bécassine, canal, bouchon, rival, broche, portail, outrage, offense, animal, couplet, commune, minéral, dépêche, désagrément, corail, égratignure, émeraude, végétal, flatterie, fontaine, hôpital, émail, futaille, maréchal, grenouille, grimace, épouvantail, griffe, journal, houblonnière, houlette, chacal, injure, ingénieur, capital, gouvernail, joute, lévrier, levrette, carnaval, manteau, menace, bocal, éventail, menuisier, tribunal, noisetier, nuée, fanal, semelle, signal, souvenir, souverain, vantail, caporal, titre, tissu, général, vigneron, vigne, piédestal, annonce, total, arme, améthyste, soupirail, vaisseau, phare, percepteur, bal, quincaillier, quêteur, régal, rêve, réputation, richesse, travail, arche, amiral, arcade, cheval, bail, appeau, associé, vertèbre, volaille, tourtereau, procès-verbal.

Trouvez douze noms au pluriel (six du genre masculin et six du genre féminin).

Modèle du devoir.

Singulier.		*Pluriel.*	
La bécassine,	f.	Les bécassines,	f.
Le canal,	m.	Les canaux.	m.

DES PERSONNES DU DISCOURS.

27. Lorsque deux personnes sont réunies, il y en a ordinairement une qui parle et une qui écoute ; de plus, ces deux personnes peuvent parler d'une chose ou d'une autre personne.

Il y a donc trois personnes du discours :

La 1re personne est celle qui parle;
La 2e personne est celle à qui l'on parle;
La 3e personne est la personne ou la chose dont on parle.

ADJECTIFS POSSESSIFS.

28. Les mots qui expriment à qui appartiennent les personnes et les choses sont des *adjectifs possessifs*.

Il y a des adjectifs possessifs pour chacune des trois personnes du discours.

Tableau des adjectifs possessifs.

	SINGULIER		PLURIEL
	MASCULIN.	FÉMININ.	DES DEUX GENRES.
1re personne,	*mon*,	*ma*,	*mes*.
2e personne	*ton*,	*ta*,	*tes*.
3e personne,	*son*,	*sa*,	*ses*.

	DES DEUX GENRES.	
1re personne,	*notre*,	*nos*.
2e personne,	*votre*,	*vos*.
3e personne,	*leur*,	*leurs*.

Devoir n° 15. Écrivez les noms suivants au singulier et au pluriel; placez un adjectif possessif devant chaque nom. Mettez un 1 au-dessus des adjectifs de la 1re personne, un 2 au-dessus des adjectifs de la 2e personne, et un 3 au-dessus des adjectifs de la 3e personne.

Nota. On emploie *mon, ton, son,* au lieu de *ma, ta, sa,* devant les noms féminins, au singulier, qui commencent par une voyelle ou par un *h* muet.

Bloc, bois, bouquin, pèlerin, broderie, planche, organiste, courroie, hachis, bureau, offrande, oasis, osselet, neveu, couronne, chiffre, travail, demande, cocarde, colline, cri, aveu, perdrix, tamis, éloge.

Encrier, éperon, éponge, fanal, fourniture, grenier, grappe, turban, bal, bail, croix, rente, renard, regret, ridicule, artiste, violon, voiture, volonté, assiette, gaz, canal, ardoise, arbre, arbuste, imposture, intérêt, religieux, marquis, cheval, hibou, verrou, instituteur, inspecteur, inscription, élève, équipage, épingle, frange, tableau, vœu, sou, animal, régal, portail, brebis, paroi, bas, boutonnière, bras, enveloppe, emplette, écriteau, fourchette, folie, serviette, soupçon, notaire, natte, mousseline.

Modèle du devoir.

Singulier.	Pluriel.
1	1
Mon bloc,	Mes blocs.
2	2
Ton bois,	Tes bois.

ADJECTIFS NUMÉRAUX.

29. Les mots qui servent à compter les personnes et les choses sont des *adjectifs numéraux*.

Liste des adjectifs numéraux de UN à CENT.

Un ou une, deux, trois, quatre, cinq, six, sept, huit, neuf, dix, onze, douze, treize, quatorze, quinze, seize, dix-sept, dix-huit, dix-neuf, vingt, vingt et un, vingt-deux, vingt-trois, vingt-quatre, vingt-cinq, vingt-six, vingt-sept, vingt-huit, vingt-neuf, trente, trente et un, trente-deux, ... quarante, quarante et un, quarante-deux, ... cinquante, cinquante et un, cinquante-deux, ... soixante, soixante et un, soixante-deux, ... soixante et dix, soixante et onze, soixante-douze, ... quatre-vingts, quatre-vingt-un, quatre-vingt-deux, ... quatre-vingt-dix, quatre-vingt-onze, ... cent.

Devoir n° 16. Écrivez au pluriel les noms suivants ; placez un adjectif numéral devant chaque nom. Mettez un *m* après les noms masculins et un *f* après les noms féminins.

Orchestre, poulain, prison, billard, peintre, passant, chenille, cierge, poêle, pincettes, peloton, épicier, enclume, frégate, fromage, groupe, guidon, tribunal, villageois, perdreau, voyageur, éventail, bail, journal, huissier, hôpital, haras, horloge, invitation, Israélite, juré, lieutenant, linotte, lime, nuance, nuit, moulin,

— 25 —

mosquée, soupirail, procès-verbal, saumon, serpent, souper, sapin, prix, sureau, stylet, stalle, tombeau, témoin, tuilier, aventure, attentat, aviron, bourg, bec, barricade, province, département, village, chacal, lynx, léopard, bocal, dragon, hussard, carabinier, lancier, artilleur, fantassin, grenadier, voltigeur, caporal, clou, joujou, esclave, escargot, escadron, estampe, goliveau, guérite, factionnaire, pieu, essieu, graine, liste, merlan, mulet, montagnard, meule, fou, végétal, visite.

Modèle du devoir.

Un orchestre,   m.
Deux poulains,   m.

ADJECTIFS INDÉFINIS.

30. Les *adjectifs indéfinis* sont de petits mots qui déterminent d'une manière vague les noms devant lesquels ils sont placés.

Liste des adjectifs indéfinis.

SINGULIER		PLURIEL	
MASCULIN.	FÉMININ.	MASCULIN.	FÉMININ.
quel,	*quelle,*	*quels,*	*quelles.*
tel,	*telle,*	*tels,*	*telles.*
certain,	*certaine,*	*certains,*	*certaines.*
l'autre,	*l'autre,*	*les autres,*	*les autres.*
un autre,	*une autre,*	*d'autres,*	*d'autres.*
le même,	*la même,*	*les mêmes,*	*les mêmes.*
quelque,	*quelque,*	*quelques,*	*quelques.*
aucun,	*aucune,*	*aucuns,*	*aucunes.*
tout,	*toute,*	*tous,*	*toutes.*
nul,	*nulle,*	*nuls,*	*nulles.*
chaque,	*chaque.*	—	—
un,	*une,*	{ *des,* *plusieurs,*	*des.* *plusieurs.*

Devoir n° 17. Écrivez les noms suivants au singulier et au pluriel; placez un adjectif indéfini devant chaque nom. Lorsque le nom

2

est masculin, mettez un adjectif indéfini masculin, lorsque le nom est féminin, mettez un adjectif indéfini féminin.

Vallon, verrerie, vieillard, asile, asperge, vengeance, turbot, tulipe, tunique, compas, taureau, tapisserie, succès, sardine, savetier, troupe, vinaigrier, visiteur, année, anguille, amusement, arête, collège, cour, clocher, cloche, défaut, drogue, distance, compagnon, peine, passion, panaris, paroissien, peinture, épée, matelas, épinette, entrée, foyer, fripier, frisson, guinguette, gravure, guêpe, carnaval, hauteur, auteur, bouleau, habit, abbaye, âge, cerise, inquiétude, insulte, héros, sapajou, guenon, repas, invasion, potion.

Trouvez dans un livre douze noms déterminés par des adjectifs indéfinis.

Modèle du devoir.

Singulier.	*Pluriel*.
Quel vallon,	Quels vallons.
Quelle verrerie,	Quelles verreries.

Récapitulation.

Devoir n° 18. Écrivez les noms suivants au singulier et au pluriel. Indiquez par un chiffre la personne de chaque adjectif possessif. Mettez un *m* après les noms masculins, et un *f* après les noms féminins.

Mon pommier, huit bouillons, ce coussin, tes tableaux, son couteau, une houlette, votre hôpital, ces villageois, quel compas, leur tailleur, cette semaine, mes ouvrières, ces arbres, quinze noix, nos vaisseaux, tel oiseau, quels perdreaux, ces oranges, ces ardoises, leurs officiers, tes commis, ton bail, ce portail, quels chevaux, quelles abeilles, ma croix, ces héros, sa hache, un fils, telle femme, telles personnes, mon clou, tes choux, ces hommes, ces garçons, trois nez, tels orages, nos hachis, certains pays, certaine contrée, tout le vin, toute la paille, un bal, notre journal, ce verrou, toutes les heures, une autre voix, la housse, tes deux genoux, un sou, mon bas, l'autre jour, les autres plumes, ce travail, huit bourgeois, vos deux bras, d'autres gaz, neuf bateaux, le même enfant, la même calèche, un trou, son joujou, les mêmes écuries, ces instruments, ces inondations, ces dortoirs, quelque animal, plusieurs brebis, aucunes troupes, nulles considérations, quelques aiguilles, chaque écolier, chaque demoiselle, une pomme, leurs histoires.

Modèle du devoir.

1		1	
Mon pommier,	m.	Mes pommiers,	m.
Huit bouillons,	m.	Un bouillon,	m.

ADJECTIFS QUALIFICATIFS.

31. Les mots qui expriment comment sont les personnes et les choses sont des *adjectifs qualificatifs*.

L'adjectif qualificatif est toujours du même genre et au même nombre que le nom auquel il est joint.

Formation du féminin dans les adjectifs.

32. Tout adjectif terminé au masculin par un *e* muet reste le même au féminin : *un homme* AIMABLE, *une femme* AIMABLE.

33. Tout adjectif non terminé au masculin par un *e* muet reçoit un *e* muet au féminin : *un portier* DISCRET, *une portière* DISCRÈTE.

Devoir nº 19. Écrivez les noms qualifiés suivants au masculin et au féminin.

Un ouvrier habile, ce maître indulgent, votre cousin germain, un homme supérieur, un garçon inquiet, cet Espagnol discret, ton petit chien, ce voisin obligeant, un laid musicien, ce berger vigilant, un oncle gai, mon cheval noir, votre écolier indolent, un parrain libéral, un duc bienfaisant, un prince méchant, ton boulanger sourd, ce serviteur gourmand, ce bourgeois brutal, ce brillant acteur, ton vilain marquis, un marchand exact, ce Polonais prudent, un Italien poli, un paysan ingrat, mon fermier complaisant, un modeste Auvergnat, ce Français bavard, un nègre timide, un villageois perclus, un frère tendre, mon héritier délicat, cet Anglais charitable, cet Égyptien rusé, notre loyal Flamand, ce Suédois intrépide, un portier soumis, un jeune bélier, ce sale cuisinier, un directeur zélé, un Lyonnais original, un Alsacien circonspect, un roi parfait, un Suisse obéissant, ce triste ambassadeur, un ami sincère, un niais Champenois, un filleul innocent, un gouverneur pervers, un empereur aimé, ce Parisien prodigue, ce coq matinal, un excellent instituteur, votre âne têtu, un vrai Breton.

Modèle du devoir.

Masculin.	*Féminin.*
Un ouvrier habile,	Une ouvrière habile.
Ce maître indulgent,	Cette maîtresse indulgente.

34. Beaucoup d'adjectifs doublent la consonne finale au féminin avant de recevoir l'E muet : *un loup* CRUEL, *une louve* CRUELLE.

35. Les adjectifs *beau, nouveau, fou, mou, vieux*, qui, devant une voyelle ou un *h* muet, font encore, au masculin, *bel, nouvel, fol, mol, vieil*, doublent aussi le L final avant de prendre l'E muet : *un* BEL *homme, une* BELLE *femme*.

36. Les adjectifs terminés en F au masculin changent F en VE au féminin : *un villageois* NAÏF, *une villageoise* NAÏVE.

37. Les adjectifs terminés en X au masculin changent X en SE au féminin : *un Italien* JALOUX, *une Italienne* JALOUSE.

Devoir n° 20. Écrivez les noms qualifiés suivants au masculin et au féminin.

Adjectifs qui doublent la consonne finale avant de prendre l'e muet.

Un tigre cruel, ton gros bouc, ton bon oncle, un canard gras, ce vieux chat, un chien mignon, un maître fou, ce nouveau directeur, un danseur coquet, un Africain muet, un homme nul, un frère gentil, un mari vieillot, un garçon bellot, ce beau cerf, un cantinier poltron, un bélier las, un sot gouverneur, un Lorrain glouton.

Adjectifs qui changent f en ve au féminin.

Ce président attentif, un filleul oisif, ce paysan naïf, un monsieur vif, un Polonais fugitif, un Anglais maladif, un âne rétif, un cheval poussif, un homme veuf, un citoyen pensif, un Grec captif, un fils adoptif, un écolier craintif.

Adjectifs qui changent x en se au féminin.

Un fils respectueux, notre heureux paysan, ce portier soigneux, un voisin envieux, ce serviteur paresseux, un taureau dangereux, le baron jaloux, le comte généreux, ce Hongrois malheureux, cet Espagnol orgueilleux, mon Alsacien victorieux, ce marchand superstitieux, cet ouvrier industrieux, cet homme pieux, un père laborieux, le fermier peureux, un instituteur vertueux, un prince affectueux, ce roi ambitieux, un chien hargneux, un empereur belliqueux, un tuteur capricieux, un héritier joyeux, un ami précieux, un cuisinier boiteux.

Modèle du devoir.

Masculin.	*Féminin.*
Un tigre cruel.	Une tigresse cruelle.
Ton gros bouc.	Ta grosse chèvre.

38. Quelques adjectifs à employer au masculin et au féminin.

MASCULIN.	FÉMININ.	MASCULIN.	FÉMININ.
antérieur,	antérieure.	douillet,	douillette.
postérieur,	postérieure.	éternel,	éternelle.
intérieur,	intérieure.	épais,	épaisse.
mineur,	mineure.	habituel,	habituelle.
sain,	saine.	mensuel,	mensuelle.
complet,	complète.	naturel,	naturelle.
incomplet,	incomplète.	pareil,	pareille.
secret,	secrète.	officiel,	officielle.
indiscret,	indiscrète.	vermeil,	vermeille.
replet,	replète.	universel,	universelle.
cher,	chère.	réel,	réelle.
entier,	entière.	quotidien,	quotidienne.
familier,	familière.	net,	nette.
grimacier,	grimacière.	violet,	violette.
amer,	amère.	mou,	molle.
grossier,	grossière.	plaintif,	plaintive.
premier,	première.	négatif,	négative.
régulier,	régulière.	expressif,	expressive.
aigu,	aiguë.	positif,	positive.
contigu,	contiguë.	fautif,	fautive.
bouffon,	bouffonne.	lucratif,	lucrative.
bas,	basse.	hâtif,	hâtive.
criminel,	criminelle.	bref,	brève.

Devoir n° 21. Copiez les noms qualifiés suivants, et écrivez en regard un nom *féminin* de votre choix avec l'adjectif *féminin* correspondant.

Un avis antérieur, un envoi postérieur, un mal intérieur, un garçon mineur, un enfant sain, un dictionnaire complet, ce livre incomplet, un désir secret, mon portier indiscret, ce maçon replet, votre cher oncle, un abricot entier, un chat familier, un garçon grimacier, un fruit amer, un geste grossier, mon premier devoir, un domestique régulier, un cri aigu, un cabinet contigu, un acteur bouffon, un cœur bas, cet homme criminel, un apprenti douillet, un chagrin éternel, ce bouillon épais, le vin naturel, un voyage habituel, un travail mensuel, un habit pareil, l'ordre officiel, un teint vermeil, un atlas universel, un goût réel, le pain quotidien, un refus net, ton châle violet, un ouvrier mou, un cri plaintif, ce signe négatif, un regard expressif, un fait positif, un écolier fautif, un travail lucratif.

Modèle du devoir.

Masculin.   *Féminin.*
Un avis antérieur.   Une lettre antérieure.

39. Encore quelques adjectifs à employer au masculin et au féminin.

Nota. Remarquez que beaucoup d'adjectifs changent entièrement leur terminaison en formant leur féminin.

MASCULIN.	FÉMININ.	MASCULIN.	FÉMININ.
hideux,	hideuse.	flatteur,	flatteuse.
vénéneux,	vénéneuse.	cardeur,	cardeuse.
somptueux,	somptueuse.	usurpateur,	usurpatrice.
délicieux,	délicieuse.	faux,	fausse.
merveilleux,	merveilleuse.	roux,	rousse.
harmonieux,	harmonieuse.	doux,	douce.
précieux,	précieuse,	blanc,	blanche.
tortueux,	tortueuse.	franc,	franche.
religieux,	religieuse.	sec,	sèche.
affreux,	affreuse.	frais,	fraîche.
minutieux,	minutieuse.	long,	longue.
sérieux,	sérieuse.	oblong,	oblongue.
sablonneux,	sablonneuse.	bénin.	bénigne.
honteux,	honteuse.	malin,	maligne.
moqueur,	moqueuse.	favori,	favorite.
parleur,	parleuse.	public,	publique.
menteur,	menteuse.	caduc,	caduque.
voleur,	voleuse.	jumeau,	jumelle.
causeur,	causeuse.	enchanteur,	enchanteresse.
querelleur,	querelleuse.	vengeur,	vengeresse.
dormeur,	dormeuse.	traître,	traîtresse.
boudeur,	boudeuse.		

Devoir n° 22. Copiez les noms qualifiés suivants, et écrivez en regard un nom *féminin* de votre choix avec l'adjectif *féminin* correspondant.

Un animal hideux, un arbre vénéneux, un hôtel somptueux, un ragoût délicieux, votre récit merveilleux, un langage harmonieux, un collier précieux, ce chemin tortueux, un Grec religieux, un mal affreux, un homme minutieux, un garçon sérieux, ce terrain sablonneux, un Italien honteux, ce serpent venimeux, un rire moqueur, un écolier causeur, un domestique parleur, un épicier voleur, un voisin querelleur, un parent dormeur, cet enfant boudeur, un ouvrier cardeur, ce mot flatteur, ce prince usurpateur, un titre faux, leur cheval roux, un breuvage doux, votre gilet blanc, un ami franc, ce linge sec, un temps frais, un long voyage, ce meuble oblong, ce duc bénin, un chat malin, mon mets favori, un lieu public, ce rentier caduc, mon frère jumeau.

Modèle du devoir.

Masculin.	*Féminin.*
Un animal hideux,	Une *bête* hideuse.

DU NOMBRE.

40. Pour former le pluriel d'un adjectif il faut ajouter la lettre s à la finale du singulier.

Exemple : Un *ouvrier* INTELLIGENT, *des ouvriers* INTELLIGENTS.

41. Les adjectifs terminés au singulier par un s ou par un x ne changent pas au pluriel.

Exemple : *Un fruit* DÉLICIEUX, *des fruits* DÉLICIEUX.

Devoir n° 23. Écrivez les noms qualifiés suivants au singulier et au pluriel.

Ce souvenir agréable, un bon gâteau, un jour heureux, ce voile épais, un ami discret, votre robe blanche, un pain frais, le journal ennuyeux, l'enfant peureux, cette poire mûre, un serrurier habile, cette mauvaise pomme, votre grande armoire, ce bijou perdu, un mur solide, un procès ruineux, un cochon gras, ce mets délicat, votre commis maladroit, cet animal gracieux, un drap blanc, votre pantalon bleu, un vieux château, un domestique fidèle, un crochet solide, cette petite cour, une fleur naturelle, cette dépouille sanglante, quel vaste empire, un voyageur las, quelque saule pleureur, cette chaleur accablante, certain renard gascon, un emplacement commode, une visite intéressée, votre conseil perfide, une étoile brillante, ce fruit savoureux, une idée frivole, la chandelle éteinte, une loi sage, quelle pensée douloureuse, un exemple dangereux, une baguette flexible, ce travail fatigant, un soldat intrépide, ce gros meuble, un habit usé, une serviette sale, tel cheval vicieux, ce tissu soyeux, son jambon fumé, ma table ronde, ce regard dédaigneux, l'affreuse bête [1].

Modèle du devoir.

Singulier.	*Pluriel.*
Ce souvenir agréable,	Ces souvenirs agréables.
Un bon gâteau,	De [2] bons gâteaux.

42. Les adjectifs terminés au singulier par EAU prennent un x au pluriel.

Exemple : *Ce beau manchon, ces beaux manchons.*

43. Beaucoup d'adjectifs terminés en AL au singulier changent AL en AUX pour former leur pluriel.

Exemple : *Le collége* ÉLECTORAL, *les colléges* ÉLECTORAUX.

44. D'autres adjectifs en AL prennent un s au pluriel ; tels sont *amical, austral, banal, bancal, boréal, colossal, doctoral, ducal, fatal, filial, final, glacial, initial, jovial, labial, matinal, natal, naval, pascal, sentimental, théâtral.*

---

[1] On met encore *l'* au lieu de *le* ou de *la* devant un adjectif qui commence par une voyelle ou par un *h* muet.

[2] On remplace ordinairement *des* par *de* devant un adjectif qualificatif pluriel.

Ces adjectifs ne s'emploient que rarement au masculin pluriel.

Devoir n° 24. Écrivez les noms qualifiés suivants au singulier et au pluriel.

Ce beau bœuf, le combat naval, un conte original, ce conte moral, le nouveau garçon, leur chemin vicinal, ce garde national, un esprit faux, un vice radical, cet exercice grammatical, une fête publique, notre repas frugal, ce bel ouvrage, un nouvel habit, notre établissement colonial, le vent glacial, un juge loyal, une journée fatale, la maison royale, le palais royal, le four banal, un péché capital, le jeu ennuyeux, une terre productive, le bien communal, une couleur végétale, un sourire amical, un livre sentimental, ce cierge pascal, le théâtre impérial, le garde jovial, un vin exquis, ce chou vert, un mot trivial, un besoin différent, un adjectif numéral, ce maître mécontent, cette nation étrangère, le conseil désintéressé, cet air théâtral, l'oiseau matinal, un frère jumeau, une vertu sociale, un verbe pronominal, ce cheval ombrageux, un principe fondamental, ce papier gris, un lourd fardeau, un acte légal, ce nez camus, le facteur rural, un train spécial, ce bois touffu, un fâcheux événement, quelques bons fruits secs, un écolier intelligent et laborieux, une femme douce, modeste et instruite.

Modèle du devoir.

Singulier.	Pluriel.
Ce beau bœuf,	Ces beaux bœufs.

DES ADVERBES

45. Les adverbes sont des mots invariables qui modifient les adjectifs et les verbes.

46. Il y a trois espèces d'adverbes : des *adverbes de manière*, les *adverbes de temps* et les *adverbes de lieu*.

ADVERBES DE MANIÈRE.

47. Un *adverbe de manière* joint à un *adjectif*, exprime comment la qualité existe; joint à un *verbe*, il exprime comment la chose se fait.

48. Les principaux adverbes de manière sont :

aussi,   beaucoup,   habilement, plus,   si,
ainsi,   extrêmement, lentement,   peu,   très,
assez,   élégamment, moins,   péniblement, trop,
aisément, facilement, mieux,   presque,   solidement,
bien,   fort,   mal,   quasi,   vraiment.

Devoir n° 25. Écrivez les noms qualifiés suivants au singulier et au pluriel. Soulignez les adverbes, et n'oubliez pas que ce sont des mots qui s'écrivent toujours de la même manière.

Une chaise plus basse, six habits quasi usés, un ouvrage mieux fait, un raisin presque mûr, vos souliers trop étroits, un animal fort patient, deux maisons assez grandes, quelques fruits assez mûrs, cette terre peu fertile, une robe extrêmement belle, ce chien si redoutable, leur étoffe moins commune, le beau petit serin, son gros cheval blanc, un homme vraiment laborieux, deux jeunes personnes mieux élevées, un vêtement mal fait, un élève très-docile, un arbre beaucoup plus grand, un fossé bien plus profond, ce devoir très-mal copié, un ruban assez bien noué, une rue moins large et plus longue, un tissu extrêmement solide, une mesure habilement prise, des chambres élégamment meublées, ce livre aussi amusant et beaucoup plus instructif, des vaches si belles, ce petit chien noir, un ami franc et loyal, un chemin aussi mauvais, la fortune péniblement amassée, la place facilement obtenue, un commis aussi actif et plus intelligent, un grand garçon oisif, certaines contrées moins connues, la maison solidement construite, ce souvenir très-peu agréable, cette jolie petite table.

Modèle du devoir.

Singulier. *Pluriel.*
Une chaise *plus* basse, Des chaises *plus* basses.

ADVERBES DE TEMPS.

49. Un *adverbe de temps* joint à un *adjectif* exprime quand la qualité existe; joint à un *verbe*, il exprime quand une chose se fait.

50. Les principaux adverbes de temps sont :

*aujourd'hui, d'abord, encore, maintenant, souvent,
autrefois, demain. hier, naguère, tard,
auparavant, désormais, jadis, plus tôt, tôt,
aussitôt, dorénavant, jamais, quelquefois, tantôt,
bientôt. ensuite, longtemps, rarement, toujours.*

ADVERBES DE LIEU.

51. Un *adverbe de lieu* joint à un *adjectif* exprime où la qualité existe; joint à un *verbe*, il exprime où la chose se fait.

52. Les principaux adverbes de lieu sont :

*ici, près, ailleurs, où, partout,
alentour, loin, là, dedans, dehors.*

Devoir n° 26. Écrivez les noms qualifiés suivants au masculin et au féminin. Soulignez les adverbes.

Un écolier souvent puni, ces femmes toujours distraites, ce monsieur peu poli, des hommes autrefois bien riches, une demoiselle modeste partout, ce musicien encore jeune, un cousin d'abord si laborieux, un cuisinier si sale, une tante jadis riche, une servante souvent malade, des chevaux très-vigoureux, un danseur ainsi paré, votre sœur désormais heureuse, son oncle naguère opulent, un maître rarement satisfait, une fille charmante ici et maussade ailleurs, ce roi aveugle maintenant, des voisins d'abord très-gais, un jeune homme timide et embarrassé, un marchand aussi honnête et plus consciencieux, ce duc puissant et vénéré, votre ambassadeur adroit et insinuant, une grosse poule blanche, le comte altier et méchant, un cerf bientôt pris, un âne plus rétif, une chèvre plus forte, plus agile et moins capricieuse, trois loups aussi affamés, un voyageur distrait et rêveur, cette pauvre petite mendiante, un directeur plus instruit, un chiffonnier malheureux et infirme, un conducteur assez prudent, ce créancier toujours intraitable, un joueur beaucoup plus acharné.

Modèle du devoir.

Masculin. *Féminin.*
Un écolier *souvent* puni, Une écolière *souvent* punie.

Récapitulation.

Devoir n° **27.** Changez le genre et le nombre des noms qualifiés suivants. Soulignez les adverbes.

Une maîtresse moins indulgente, votre cousine germaine, ton plus gros bouc, cette lionne cruelle, la bonne paysanne, trois canards gras, cette brebis si malade, l'ouvrière habile, sa mère jadis sévère, un serviteur toujours attentif, ces paysans maintenant laborieux, vos chiens blancs, une femme très-modeste, deux chattes rousses, un voisin aussi obligeant, deux musiciens fort laids, notre vieux cheval noir, ce parrain naguère libéral, la fermière moins prudente, ce boucher d'abord si brutal, nos ouvriers plus exacts, ce Français brillant, tes cinq grosses vaches, une villageoise heureuse ici, ces Espagnoles toujours orgueilleuses, nos trois meilleurs acteurs, ces deux mauvaises cuisinières, vos orphelins malheureux, ce grand danseur, un Italien presque aveugle, ce neveu avide, ce comte toujours généreux, huit bourgeois envieux et méchants, ton jardinier curieux et bavard, dix Suédois instruits et modestes, ce baron plus jaloux et plus vindicatif, un citadin encore naïf, ces nouveaux époux, ce beau garçon, un fils respectueux et dévoué, un chien plus mignon et plus caressant, trois beaux ânes, un chat aussi malin, un filleul peu reconnaissant, un maître bénin, une Égyptienne rarement propre, cette louve enragée, une bru extrêmement malade, un aïeul bien caduc, une hôtesse très-prévenante, une institutrice douce, instruite et modeste.

Modèle du devoir.

Une maîtresse *moins* indulgente,   Des maîtres *moins* indulgents.

DES PRONOMS.

53. Les *pronoms* sont des mots qui représentent les personnes et les choses sans les nommer.

54. Il y a cinq sortes de pronoms : les *pronoms personnels*, les *pronoms possessifs*, les *pronoms démonstratifs*, les *pronoms relatifs*, et les *pronoms indéfinis*.

PRONOMS PERSONNELS.

55. Les *pronoms personnels* sont ceux qui représentent le plus fréquemment les trois personnes du discours.

56. Ces pronoms sont :

	AU SINGULIER	AU PLURIEL
Pour la 1re personne,	*je, me, moi,*	*nous.*
Pour la 2e personne,	*tu, te, toi,*	*vous.*
Pour la 3e personne,	*il, elle, le, la, lui,*	*ils, elles, eux, les,*
	se, soi, en, y ;	*leur, se, soi, en, y.*

Devoir n° 28. Copiez les phrases suivantes. Placez un 1 au-dessus des pronoms de la 1re personne, un 2 au-dessus des pronoms de la 2e personne, et un 3 au-dessus des pronoms de la 3e personne.

Charles te regarde. Gustave nous fait des grimaces. Ma tante aime bien Henri : hier elle lui donna deux jolis joujoux. Je vis hier un petit ramoneur ; il ramona lestement nos cheminées ; je lui donnai une poire bien grosse, il la mangea aussitôt. Joseph, tu réciteras facilement cette courte leçon ; applique-toi, tu la sauras avant le dîner. Lucie, ta bonne tante Thérèse vient nous voir aujourd'hui ; elle arrivera bientôt ; joue-lui tes plus beaux morceaux, montre-lui tes plus beaux dessins, elle te récompensera. Julien, crois-moi, travaille aujourd'hui, tu joueras assez demain. Nous aimons les fraises et nous en mangeons tous les jours. Vous verrez vos cousins, vous les recevrez et vous leur prêterez vos joujoux. Cet enfant se lève trop tard, il restera toujours ignorant. Cette table me paraît bonne ; ma tante y travaille très-commodément. Vous ne songiez plus à vos bons parents, mais eux pensaient à vous. Ne craignez pas de multiplier vos bienfaits, mais ne les reprochez jamais si vous voulez en goûter le fruit. Joseph reconnut ses frères, mais il ne fut point reconnu d'eux. Mes enfants, respectez votre professeur, écoutez-le, obéissez-lui.

Modèle du devoir.

2   1

Charles te regarde. Gustave nous fait des grimaces, etc.

PRONOMS POSSESSIFS.

57. Certains pronoms ont été appelés PRONOMS POSSESSIFS parce qu'ils expriment à qui appartiennent les personnes ou les choses qu'ils représentent.

58. Les pronoms possessifs sont :

Au masc. sing., *le mien, le tien, le sien, le nôtre, le vôtre, le leur ;*

Au masc. plur., *les miens, les tiens, les siens, les nôtres, les vôtres, les leurs ;*

Au fém. sing., *la mienne, la tienne, la sienne, la nôtre, la vôtre, la leur ;*

Au fém. plur., *les miennes, les tiennes, les siennes, les nôtres, les vôtres, les leurs.*

Devoir n° 29. Copiez les phrases suivantes ; continuez à indiquer par un chiffre la personne des pronoms personnels. Placez un *p* au-dessus des pronoms possessifs.

Mon frère avait perdu sa plume, je lui ai prêté la mienne.

Louis a perdu son couteau et moi j'ai retrouvé le mien.

Chacun de nous a son devoir à remplir : faites le vôtre, je remplirai le mien.

Notre maison est commode, mais la vôtre est beaucoup plus agréable.

Nos promeneurs trouveront ici un ombrage fort agréable : ils le remarqueront, ils y viendront quelquefois se reposer.

On voit les maux d'autrui d'un autre œil que les siens.

Ma sœur, enseigne-moi mes prières ; je les écouterai attentivement, je les saurai bientôt ; je les répéterai aujourd'hui, demain, toujours.

Notre douleur était sincère, la leur ne l'était pas.

Nos pommes sont mûres et les vôtres sont encore vertes.

Respecte le champ de ton voisin si tu veux qu'il respecte le tien.

Nos meubles sont beaux, mais les leurs sont plus solides.

Dieu est un bon père ; il nous a donné la vie, il nous la conserve, et tous les jours il nous accorde quelque faveur ; il nous importe donc de lui témoigner notre reconnaissance.

Le Danube a son embouchure dans la mer Noire, et le Nil a la sienne dans la Méditerranée.

Mon cheval a mangé son avoine et le tien n'a pas touché à la sienne.

Il est beau pour un roi de ne pas sacrifier la grande famille à la sienne.

Modèle du devoir.

                    1 3   *p*

Mon frère avait perdu sa plume, je lui ai prêté la mienne.

PRONOMS DÉMONSTRATIFS.

59. Les pronoms *démonstratifs* sont ceux qui nous montrent les personnes et les choses qu'ils représentent.

60. Ces pronoms sont :
Pour le masculin : *ce, celui, celui-ci, celui-là, ceux, ceux-ci, ceux-là.*
Pour le féminin : *celle, celle-ci, celle-là, celles, celles-ci, celles-là.*

PRONOMS RELATIFS.

61. Les pronoms *relatifs* sont ainsi nommés parce qu'ils ont toujours rapport à un nom ou à un pronom qui précède, et qu'on appelle leur *antécédent.*

62. Les pronoms relatifs sont : *qui, que, quoi, lequel, laquelle, lesquels, lesquelles, duquel, de laquelle, desquels, desquelles, dont, où.*

PRONOMS INDÉFINIS.

63. Les pronoms *indéfinis* sont ceux qui représentent vaguement des personnes ou des choses qu'on ne nomme pas.

64. Les pronoms indéfinis sont : *on, chacun, autrui, personne, quiconque, nul, quelqu'un, aucun, l'un, l'autre, l'un et l'autre, tel, rien,* etc.

Devoir n° 30. Copiez les phrases suivantes. Soulignez tous les pronoms.

L'ennui est une maladie dont le travail est le remède. On récompense les écoliers qui travaillent assidûment. Les poissons, au lieu de pieds, ont des nageoires au moyen desquelles ils nagent dans les eaux. Ceux qui ne s'inquiètent pas de la justice forcent la justice à s'occuper d'eux. Quiconque rapporte tout à soi n'a pas beaucoup d'amis. Je sonne, je frappe, j'appelle, et personne ne me répond. Ce que je désire, c'est que vous soyez heureux. Les fruits de notre jardin sont bien mûrs, et ceux du vôtre sont entièrement verts. L'odorat subtil du chien est indifférent à une multitude de parfums auxquels l'homme est sensible. L'instant où nous naissons est un pas vers la mort. Chacun vous fera des compliments. Si l'on savait borner ses désirs, on s'épargnerait bien des maux. Le sage fuit les vices d'autrui et en pratique les vertus. Tel jette aujourd'hui son argent par les fenêtres, qui plus tard demandera l'aumône. Nul ne sait ce qui arrivera. Tous les marchands réunis se consultaient les uns les autres. Les fleurs dont vous me parlez ne sont pas rares.

DU VERBE.

65. Les mots qui expriment ce que nous faisons ou ce que font les choses sont des *verbes*.

Ex. : *Henri* PARLE *beaucoup*.

Le mot *parle* est un verbe, parce qu'il exprime ce que fait *Henri*.

DU SUJET.

66. La personne ou la chose qui fait l'action indiquée par le verbe est le *sujet* du verbe.

Ex. : CAROLINE *mange mes cerises*.

Le mot *Caroline* est ici le sujet du verbe parce qu'il représente la personne qui *mange* les cerises.

67. Le sujet du verbe est ordinairement représenté par un *nom* ou par un *pronom*.

68. On trouve toujours le sujet du verbe en faisant la question *qui est-ce qui?* avant le verbe.

Ex. : *Louise a deux pommes*.

QUI EST-CE QUI a deux pommes? — LOUISE. — Sujet du verbe *avoir*.

Exercice oral.

Relisez les devoirs 28, 29 et 30; remarquez dans ces devoirs le verbe ou les verbes que chaque phrase renferme, et indiquez-en des sujets.

VERBE AVOIR.

Devoir n° 31. Copiez et récitez le verbe *avoir* (1er tableau.)

Devoir n° 32. Changez le nombre des phrases suivantes :

Nota. Lorsqu'un verbe qui est au pluriel a pour sujet deux noms singuliers, on supprime un de ces noms pour mettre la phrase au singulier.

Ex. : JOSEPH *et* ANTOINE *auront la croix.* — JOSEPH *aura la croix.*

Le contraire se fait lorsque le sujet singulier est un nom propre et que l'on doit mettre la phrase au pluriel.

Ex. : JULIE *a une meilleure tenue.* JULIE *et* MARIE *ont une meilleure tenue.*

J'ai ma voiture. Tu avais ma serviette. Il eut une mauvaise affaire. Nous aurons ses livres. Vous aurez plus de tranquillité. Aie du courage. On [1] veut que Prosper et Marc aient des habits neufs. On voulait que Germain eût la croix. Tu as tes joujoux. Georges avait un bon médecin. Nous eûmes peur de lui. Vous aurez de joyeux compagnons. Ces hommes auraient votre approbation. Ayez deux bons chevaux. Il faut que j'aie un appartement. On désirait que tu eusses des prix. Julien a un domestique. Nous avions de bonnes recommandations. Vous eûtes une permission. Ils auront leurs couvertures. J'aurais un vêtement plus convenable. On veut que tu aies un pupitre. On aurait désiré que ce soldat eût une récompense. Nous avons nos devoirs. Alfred et Marguerite avaient deux jeunes cousins. J'aurai une place dans son bureau. Tu eus beaucoup d'embarras. Il faut qu'il ait un gilet. On voulait que vous eussiez cette entre-

---

[1] Les expressions *on veut, il faut, on voulait, il fallait,* etc., placées au commencement de certaines phrases, restent invariables.

prise. Hippolyte aura mes meubles. Ces enfants ont leurs amis. Mes sœurs eurent sa protection.

Modèle du devoir.

Nous avons nos voitures. Vous aviez mes serviettes. Ils eurent de mauvaises affaires, etc.

VERBE *ÊTRE*.

Nota. Le verbe *être* et le verbe *avoir* ont été appelés verbes *auxiliaires* parce qu'ils servent à former les temps composés des autres verbes.

Devoir n° 33. Copiez et récitez le verbe *être* (2ᵉ tableau).

Devoir n° 34. Changez le nombre des phrases suivantes :

1ʳᵉ REMARQUE. L'adjectif (ou le participe) employé avec *être* s'accorde avec le sujet du verbe. Ex. : *Vos tantes sont* PARTIES.

2ᵉ REMARQUE. L'adjectif (ou le participe) qui se rapporte à deux noms au singulier se met au pluriel. Ex. : *Pierre et Julien sont* INSTRUITS.

3ᵉ REMARQUE. L'adjectif (ou le participe) qui se rapporte à des noms de différents genres reste au masculin. Ex. : *Julie et Prosper sont* PARESSEUX.

4ᵉ REMARQUE. L'adjectif (ou le participe) qui se rapporte à un pronom s'accorde en genre et en nombre avec la personne ou la chose représentée par ce pronom. Ainsi l'on dit, en parlant à *un petit garçon :* VOUS *êtes* DISTRAIT, et en parlant à plusieurs *petites filles :* VOUS *êtes* DISTRAITES.

Je suis malade. Tu étais plus instruit que moi. Ma tante fut longtemps inquiète. Nous serons invités à ce mariage. Vous seriez riches. Soyez indulgents. On veut que je sois prudent. On voulait que tu fusses plus raisonnable. Tu es paresseux. Charles était renvoyé du collége. Je fus étonné de le voir. Vous serez écoutés. Nous serions trop fatigués. Sois bon. On désire que tu sois reçu dans cette maison. Il fallait que Victor fût bien menteur. Caroline est studieuse. Mes cousines étaient peu patientes. Tu fus guéri par ce médecin. Elise sera grande. Je serais battu. Il faut que Gustave soit plus aimable. On aurait désiré que nos enfants fussent admis à l'école. Nous sommes contents de vous. J'étais plus gai. Vous fûtes obligés de partir. Tu seras pardonnée. Elle serait aussi orgueilleuse. On désire que Pauline et Marie soient mariées cette année. On désirait que je fusse acquitté. Vous êtes plus modestes. Nous étions attentifs. Les enfants furent moins malheureux. Je serai aussi sévère. Tu serais puni. On veut que nous soyons polis. On voulait que vous fussiez moins prodigues. Louise et Henri sont arrivés. Il faut que vous soyez discrets.

Modèle du devoir.

Nous sommes malades. Vous étiez plus instruits que nous. Les tantes furent longtemps inquiètes, etc.

PREMIÈRE CONJUGAISON.

69. Tous les verbes dont l'infinitif est terminé en *er* sont de la première conjugaison.

70. Pour conjuguer les temps *simples* d'un verbe de la 1re conjugaison il suffit de placer le *radical* de ce verbe devant chacune des terminaisons du 3e tableau.

Nota. La conjugaison des temps composés viendra plus tard.

71. On obtient le radical d'un verbe de la 1re conjugaison en retranchant les deux dernières lettres de l'infinitif.

Ex. : *Aimer*, radical *aim*; *donner*, radical *donn*; *porter*, radical *port*, etc.

Devoir n° 35. Écrivez deux verbes de la 1re conjugaison (*donner* et *porter*), et récitez-en plusieurs en indiquant les terminaisons.

Exercice sur le *présent* et sur l'*imparfait* de l'*indicatif* des verbes de la 1re conjugaison.

Devoir n° 36. Changez le nombre des phrases suivantes. Soulignez les adverbes.

— 46 —

Un palefrenier soigneux panse mon cheval. Tu causes beaucoup. L'agneau bêle. Ce cheval galope bien. Tu reculais devant le danger. Cette jeune laitière apporte un œuf frais. Notre vieil oncle prodiguait son bien. Ce pauvre horloger remonte ma pendule. Tes petits chiens jappent. Vous traitiez vos inférieurs avec bonté. Ton cousin habitait une chambre élégamment meublée. Les chats miaulent. Je diminuais ma dépense. Ces vilains corbeaux croassent. La grenouille coasse. Vous conserviez vos livres. Tu tournais autour de la table. Les oiseaux volent. Vous aimiez ces fleurs et vous les cultiviez. Ce perroquet cause toujours. Mes jeunes cousins arrivent aujourd'hui. Les professeurs nous grondaient. Les petits oiseaux gazouillent. Le coq chante. L'écureuil ramasse des noisettes pendant l'été. Nos voisins parlaient mal. Je chantais agréablement. Les animaux épouvantés cherchaient un refuge. Mon petit cheval traînait facilement cette lourde voiture. J'examine ce vieux livre. François ouvre proprement les huîtres. Ces paysans cultivaient des terres peu fertiles. L'homme parle, adore Dieu, chasse, pêche, cultive la terre et élève sa famille.

Modèle du devoir.

Des palefreniers soigneux pansent mes chevaux. Vous causez *beaucoup*, etc.

Devoir n° 37. Écrivez deux verbes de la 1re conjugaison (*arrêter* et *regretter*), et récitez-les en indiquant les terminaisons.

Exercice sur le passé défini et sur le futur.

Devoir n° 38. Changez le nombre des phrases suivantes. Soulignez les adverbes.

Nos jeunes apprentis raboteront ces deux mauvaises planches. Notre servante lavera ta chemise.

— 47 —

brodée. Le domestique frotta cette chambre. Je raccommoderai votre panier brisé. Ce méchant loup croqua notre jeune brebis. Ce cordonnier maladroit cassa son alène. Mes petits amis soignèrent leurs devoirs. Arnold visita un parent malade. Vous monterez mon bois sec. Un couvreur adroit établira cette énorme toiture. J'arracherai cette dent gâtée. Ce carrossier brutal termina ma petite voiture. Vos lapins dévasteront mes jardins. Notre faucheur aiguisa tout de suite sa faux. Tu donneras plus tard ce gros melon. Deux rats cherchaient leur vie ; ils trouvèrent un œuf. Vous louerez une maison assez grande. Un domestique soigneux enleva aussitôt ce meuble si désagréable. Mes bons petits amis apporteront demain leurs nouveaux joujoux. Ma sœur visitera quelquefois cette habile pianiste. Vous oubliâtes bientôt vos promesses. Ce joli tableau excitera votre admiration. Ce ruisseau tantôt bourbeux, tantôt limpide, arrosait une riante prairie. Jean brisa ici sa plus belle tasse. Une femme trompa la vigilance des gardes. Cet écolier poli partout enchantera bientôt notre bonne cuisine. Les rois président à ces jeux sanglants. Vous herboriserez sur la montagne. Je n'ignore pas combien je te serai à charge. Nous accompagnâmes notre jeune voyageur jusqu'à la voiture. Je passai une nuit dehors. Cette pauvre vieille femme me demanda poliment son chemin. Vous l'aimiez beaucoup et pourtant vous le querelliez sans cesse. Vous trouverez ce livre dans ma chambre. La nouvelle colonie manqua bientôt de vivres. Ceux qui ne succombaient pas à la maladie n'en étaient presque jamais atteints une seconde fois. A chaque expérience que je tentais je tombais de surprise en surprise.

Modèle du devoir.

Notre jeune apprenti rabotera cette mauvaise planche, etc.

Devoir n° 39. Écrivez deux verbes de la 1re conjugaison (*dessiner* et *implorer*), et récitez-en plusieurs en indiquant les terminaisons.

Exercice sur le conditionnel et sur l'impératif.

Devoir n° 40. Changez le nombre des phrases suivantes :

Je désirerais un fruit. Vous blâmeriez vos sœurs si elles étaient présentes. Demande un guide pour t'accompagner. Tu occuperais mon appartement. Respectez les décisions du monde. Il frotterait le parquet. Songe à sauver ce malheureux. Ils maltraiteraient nos chiens. Conservez vos papiers. Il imprimerait mon livre. Cherche toujours le conseil d'un homme sage. Vous rallumeriez les lampes. Nous récompenserions les enfants studieux. Ecoute les paroles de ma bouche et garde-les dans ton cœur. Ils demanderaient des conseils. Nous explorerions les bois. Partage ton pain avec ceux qui ont faim et couvre de tes vêtements ceux qui sont nus. Nous accepterions vos conditions. Vous enchanteriez vos parents. Ils creuseraient des puits. Ne laissez jamais l'orgueil dominer dans vos pensées ni dans vos paroles. Tu contracterais un emprunt. Il dépenserait son argent. Pense tous les jours à Dieu, et garde-toi de transgresser sa loi. Il céderait ses propriétés. Si nous étions vrais, nous n'accuserions que nous de nos maux. Un enfant supportera des changements qu'un homme ne supporterait pas. Adore dans tes maux le Dieu de l'univers. Si vous n'aviez pas de défauts, vous n'en chercheriez pas chez les autres. Je vous récompenserais si j'étais content de vous. Si je te trompais, je serais un méchant garçon. Oubliez les injures. Je vous plaisanterais sur votre paressse si je vous aimais moins, mais je vous aime et je vous gronde beaucoup. Je ne resterai pas plus longtemps, car ma tante me gronderait. Si tu demandais une récompense, le ministre te l'accorderait. Il me tourmenterait pendant un an, que je ne céderais pas. Si tu as beaucoup, donne beaucoup ; si tu as peu, donne peu, mais de bon cœur, car l'aumône sauve l'homme des ténèbres éternelles.

Modèle du devoir.

Nous désirerions des fruits. Tu blâmerais ta sœur si elle était présente, etc.

Devoir n° 41. Écrivez les verbes *récompenser* et *apprêter*, et récitez-les en indiquant les terminaisons.

Exercice sur le *présent* et sur l'*imparfait* du *subjonctif*.

Devoir n° 42. Changez le nombre des phrases suivantes.

Nota. Rappelez-vous que les expressions *on veut, il faut, on voulait, il fallait, on aurait désiré*, etc., placées au commencement des phrases, sont invariables.

Je désire que vous soyez heureux. Ces soldats demandaient des chefs qui réprimassent les désordres. Je souhaiterais que le courrier arrivât plus tôt. Ma tante demande que tu travailles davantage. Il faut que nous abandonnions cette affaire. On voudrait que je continuasse ce travail. Vous désiriez que j'apportasse mon ouvrage. Je ne doute point que vous ne regardiez favorablement des inventions si utiles. Il faut que j'accepte ce qu'il me proposera. Cette dame désire que je consulte son avocat. Je ne commencerai pas l'autre ouvrage que je ne sois revenu de la campagne. On aurait désiré qu'il affrontât le danger. Il faut que tu loues ton appartement. On veut que je recommence mon devoir. Dieu veut que nous pardonnions à nos ennemis. Le lion n'attaque jamais l'homme à moins qu'il ne soit provoqué. Lucien désirerait que notre oncle lui racontât ses aventures. La mère demande que vous baptisiez son enfant. Nous demandons que vous donniez votre approbation. Ce fleuve conserve l'impétuosité de son cours jusqu'à ce qu'il se mêle à l'Océan. Désirez une chose qui soit possible. On veut des jeux qui animent les élèves et exercent le corps pour les rendre plus adroits, plus souples et plus vigoureux. Quoiqu'il aimât la gloire, il la cherchait dans le témoignage de ses actions, et non pas dans le témoignage des hommes. Je ne doute pas que vous ne contribuiez de tout votre pouvoir à l'avancement de ce jeune soldat. Tu méritais que ton ami te quittât.

Modèle du devoir [1].

Nous désirons que tu sois heureux. Ce soldat demandait un chef qui réprimât le désordre.

VERBES PRONOMINAUX.

72. On appelle *verbes pronominaux* les verbes qui se conjuguent avec deux pronoms de la même personne, ou avec un nom sujet accompagné d'un pronom de la troisième personne.

Devoir n° 43. Écrivez sur le 4ᵉ tableau les verbes pronominaux *se louer*, *s'aviser* et *se tromper*. Récitez ces mêmes verbes en indiquant les terminaisons.

Devoir n° 44. Changez le nombre des phrases suivantes :

Mon maître s'apprête à vous recevoir. Le courtisan se flattait de réussir. Vos tantes se fâcheront contre moi. Je me persuade facilement ce que je désire. La bonne femme se contentait de nous gronder. Nous ne nous abaisserons pas à vous répondre. Il s'affligera de

---

[1] Les devoirs suivants seront faits d'après les quatre derniers modèles.

votre ingratitude. Tu ne t'avisas plus de le blâmer. Ils se contenteraient du nécessaire. On voulait qu'il s'empressât de nous répondre. Vous vous bornez à nous contredire. Nous nous proposions d'aller vous voir. Tu t'acharnerais à sa poursuite. Nous nous déterminâmes à partir. Le chien s'attache à son maître. Vos enfants ne s'accordent pas avec leurs petits amis. Nous nous résignerons à ce malheur. Vous vous affectez inutilement. Elle se brûlait à chaque instant. Vous vous disculperez devant les tribunaux. Ils se glorifient de nos succès. Je me familiarisai avec ce terrible animal. Il faut que Joséphine se hâte de préparer notre dîner. Tu te trompes toujours dans tes additions. Nous nous louons de cet arrangement; Votre parent se gênera pour nous recevoir. Votre guide ne s'arrêta pas pour nous attendre. Il se jouera de mes remontrances. On voulait que je m'habituasse à souffrir. Ces verbes se conjuguent sur le quatrième tableau. Vous vous expliquez mal. Nous nous mouillons de plus en plus. Apprêtez-vous à me suivre. Ils s'autoriseront de votre silence. Il faut que ce marin se recommande au ministre. Ne vous mêlez pas de nos affaires. Ne t'avise pas de me tromper. Il s'accusa de plusieurs fautes.

VERBES EN *cer*.

73. Dans les verbes dont le radical se termine par un *c*, on met une cédille sous ce *c* toutes les fois que la terminaison commence par un *a* ou par un *o*.

Ex. : Forcer... *nous forçons, je forçais*.

Devoir n° 45. Écrivez deux verbes en *cer* (*forcer* et *avancer*), et récitez-en plusieurs en indiquant l'emploi de la cédille.

Devoir n° 46. Changez le nombre des phrases suivantes :

Je lace mes bottines. Vous dénonçâtes ces pauvres

mendiants. Tu menaçais ce jeune enfant. J'efface ce dessin. Il dénoncera le complot. Il faudrait que tu renonçasses à voir ton ami. Nous évincerons les étrangers. Je nuance mes couleurs. Ton domestique glaçait bien les fromages. Le pauvre enfant sauçait son pain. Le cuisinier épice trop ce ragoût. Tu devanceras ton rival. Elle grimaça un sourire. Les maîtres tancèrent leurs domestiques. Vous avancerez cet argent. N'agacez jamais les animaux. Je traçai mal mon dessin et je l'effaçai. Vous ensemencerez tous les terrains vagues. Il faudrait que vos troupes avançassent et forçassent les premières lignes ennemies. Placez vos bienfaits sur ceux qui en ont le plus grand besoin. Cet enfant suça un mauvais lait. Nos ouvriers percèrent ces dix trous. Il faut que vous leur traciez une ligne. Les prophètes annoncèrent la venue de Jésus-Christ. Ne me force point à te punir. Les accusés dénoncèrent leurs complices. Vous amorcez les joueurs. Ce malheur menaçait notre province. Si tu tourmentes cet éléphant, il te lancera une pierre. Les juges s'avancèrent d'un pas lent et lugubre. L'art imite la nature, mais il ne la remplace pas. Tu avances par la crainte le châtiment que tu mérites. Une lettre m'annonça cet accident. Je renonce à défendre cette mauvaise cause. Mon menuisier placera le plancher neuf. Cet élève soigne ses devoirs et avance d'une manière satisfaisante. Renoncerez-vous à cette prétention? Les voleurs forcèrent alors ces portes si épaisses. Un ouvrier habile déplaça aussitôt cette lourde machine. Je m'avance vers les lieux d'où s'échappent les magiques concerts. Au lieu de sortir du dédale je m'y enfonçai.

VERBES EN *ger*.

74. Dans les verbes dont le radical se termine par un *g*, on met un *e* après ce *g* lorsque la terminaison commence par un *a* ou par un *o*.

Ex. : Manger... *nous mang*E*ons, je mang*E*ais*...

Devoir n° 47. Écrivez deux verbes en *ger* (*manger* et *arranger*), et récitez plusieurs de ces verbes en indiquant l'emploi de la lettre *e*.

Devoir n° 48. Changez le nombre des phrases suivantes :

Je nage bien et je plonge encore mieux. Quand je voyage, je ménage mes forces. Vous protégerez ce pauvre orphelin. Vingt solliciteurs assiégaient ses bureaux. Vous interrogez les élèves les moins avancés. Je me décourage facilement. Ne jugeons promptement personne, ni en bien ni en mal. Ce vieillard légua tout son bien à un neveu. Abrégez vos discours. Partage ce gâteau. Le marchand exigea une forte somme. Les villes érigèrent des statues à ces généraux. Cette médecine soulagerait le malade. Nos jeunes soldats voyageaient gaiement. Allége le poids des misères dont ton frère est accablé. Ces fermiers vendangèrent trop tôt leurs clos. Il faudrait que mon frère logeât chez vous. Nos matelots ne se découragèrent pas. J'envisageais ce malheur avec indifférence. Tes amis mangèrent quatre grosses poires. Il se vengera de son infériorité par la médisance et la calomnie. Je te charge de cette commission. Vous aimiez les pêches et vous en mangiez trop. Tu outrages tes amis. Je ne distingue pas très-bien. Ils prodiguent leur argent. Ils louangèrent les méchants. Nous débarquâmes à Marseille. Ils divulguèrent nos secrets. Les généraux haranguèrent leurs armées. Tu fatigues ta famille. Ce chemin allongera notre route. Ces animaux ravagent tout sur leur passage. Je désire que vous rédigiez ma demande. Il faut que j'arrange mes livres. J'oblige mes amis. Nous dirigeons plusieurs écoles. La troupe saccagea notre ville. Les souris rongèrent notre linge. Ne propagez pas de fausses nouvelles. Il fallait que je ménageasse mes provisions. Cet avare pensait qu'en grossissant son trésor il prolongeait sa vie. Ils prolongèrent leur promenade jusqu'au sommet des coteaux où les jeunes filles vendangaient. Ils logèrent dans les auberges qu'ils jugèrent les plus tranquilles et les mieux tenues. Celui qui abrégera sa vie sera éternellement coupable devant Dieu.

VERBES EN *ier* et en *yer*.

75. Les verbes dont le radical se termine par un *i* se trouvent avoir deux *i* de suite lorsque la terminaison commence par cette même lettre. C'est ce qui a lieu dans la 1re et la 2e personne du pluriel de l'imparfait de l'indicatif et du présent du subjonctif de tous les verbes en IER.

Ex. : *Prier*, nous *priions*, vous *priiez* ; que nous *priions*, que vous *priiez*.

76. Par une raison semblable, les verbes dont le radical se termine par un *y* ont un *y* et un *i* aux mêmes temps et aux mêmes personnes.

Ex. : *Déployer*... nous *déployions* vous *déployiez* ;... que nous *déployions*, que vous *déployiez*.

77. Dans les verbes en YER, l'*y* qui termine le radical se remplace par un *i* lorsque la terminaison commence par un *e* muet : *Je déploie, vous déploierez*, etc.

78. Cependant dans le verbe *grasseyer* et dans tous les verbes en *ayer*, il vaut mieux conserver l'*y* : *Tu grasseyes, nous payerons*, etc.

Devoir n° 49. Écrivez et récitez un verbe en *ier*, un verbe en *yer* et un verbe en *ayer* (*mendier, employer, payer*). Indiquez dans la récitation les remarques que nous avons faites.

Devoir n° 50. Changez le nombre des phrases suivantes :

Tu copiais un dessin. Tu liais les gerbes. Je priais Dieu. Je me rassasiais de cerises. Tu épiais tes camarades. Il faut que je paye mes ouvriers. On aurait désiré que je liasse ces fagots. Il pliait sous ce fardeau. On veut que je modifie mon plan. Si j'osais, je vous dédierais mon ouvrage. Le malheureux expia son crime dans les prisons. Nos généraux pacifièrent ce pays. Il faut que je certifie que votre cousin est malade. J'apprécierai bientôt les bonnes qualités de cet enfant. Je ménage mon temps et je l'emploie bien. Si je coudoie quelqu'un, je lui en demande pardon. Il faut que je remercie cette dame de son joli cadeau. Je lui balayerai sa chambre. Tu ennuieras tes amis. Enraye une roue de ta voiture. Nous nous apitoyions sur le sort de ces pauvres aveugles. Ne sacrifie personne à ton bonheur. Copiez encore cette note afin que vous ne l'oubliiez pas. Il faut que je broie mes couleurs. Louis essayera ses habits pendant une heure. Pourquoi effrayez-vous cet enfant? Je désire que tu ne tutoies plus ta bonne. On veut que vous étayiez le plafond. Vos histoires égayeront nos soirées. Votre jeune frère grasseyait beaucoup. Tu bégayais si fort que nous avions toutes les peines du monde à te comprendre. Tant que vous rudoierez les enfants, vous les découragerez. Je m'apitoie sur ses malheurs sans songer que je suis aussi malheureux que lui. Vos chiens aboient contre tous les passants. On voulait que vous vous ennuyassiez à la campagne. Si vous montrez de l'activité, mon oncle vous appuiera de tout son crédit.

79. Les verbes qui ont un *e* muet à la dernière syllabe du radical le changent en è ouvert lorsque la terminaison commence elle-même par un *e* muet.

Ex. : Semer... *je* sème, *ils* sèmeront, *que tu* sèmes, etc.

80. Les verbes qui ont un *é* fermé à la dernière syllabe du radical le changent en *è* ouvert devant les terminaisons *e, es, ent*.

Ex. : Préférer... *je préfère, tu préfères, qu'ils préfèrent*, etc.

81. Cependant, les verbes en *éger*, comme *protéger*, et en *éer*, comme *créer*, conservent toujours l'*é* fermé du radical.

Ex. : Abréger... *j'abrège*. Supléer... *je supplée*, etc.

Devoir n° 51. Écrivez et récitez les verbes *enlever, espérer, protéger* et *créer*. Indiquez dans la récitation les remarques que nous avons faites.

Devoir n° 52. Changez le nombre des phrases suivantes :

Ne révélez pas les secrets d'autrui. Les bergers ramènent leurs troupeaux. L'homme, par ses désirs, empiète sur l'avenir. Je te céderai tous mes droits. Celui qui sème l'injustice récolte la haine et la vengeance. Nous espérons peu, et nous ne désespérons de rien. Celui qui se préfère à tout le monde est rarement préféré. Considérez, je vous prie, combien je suis malheureux. Notre armateur frétera deux bâtiments. Nous lui léguons tous nos biens. Je te répète qu'il différera son départ. Tu interprètes toujours en mal les actions de tes voisins. On voulait qu'il insérât cet article dans son journal. Le chien lèche la main qui le frappe. Celui qui pèse un bienfait est bien près de l'ingratitude. Il faut que nous achevions vos travaux. Cet enfant se lève trop tard, il restera toujours ignorant. Nous suppléerons à ce qui vous manque. Nous nous créerons des occupations utiles. Il faut des jeux qui récréent et qui ne fatiguent pas l'esprit. Ces hommes se créent des difficultés. Les sages ne s'inquiètent pas des vains bruits du monde. L'homme ne règne que par droit de conquête. On voulait que je protégeasse des hommes indignes de la moindre faveur. Cet homme énumérera tous les griefs qu'il a contre toi. Ce travail altère ta santé. Nous répétions toujours nos leçons après le dîner. Les soldats se modelèrent sur leurs officiers. Il faut que je sème des radis et de la salade. Je désire que vous acheviez votre tâche. On veut que je pèse toutes les marchandises. Ne répétez jamais les sottises d'autrui. Abrégez ce triste récit.

VERBES EN *eler*, *eter*.

82. Les verbes terminés au présent de l'infinitif par *eler*, *eter*, comme *appeler*, *jeter*, doublent la consonne *l* ou *t* toutes les fois que la terminaison commence par un *e* muet.

Ex. : Jeter... *je jette, tu jetteras, qu'ils jettent*.

83. Exceptions. Les verbes *acheter, bourreler, celer, geler, peler, becqueter, épousseter, étiqueter*, ne doublent pas la dernière consonne, mais se conjuguent comme le verbe *semer*. Cependant, les verbes *becqueter, épousseter, étiqueter*, ne prennent l'accent grave que devant les terminaisons *e*, *es*, *ent*.

Ex. : Etiqueter... *j'étiquète, il étiquète, j'étiqueterai*.

Devoir n° 53. Écrivez et récitez les verbes *atteler*, *peler* et *épousseter*. Indiquez dans la récitation les remarques que nous avons faites.

Devoir n° 54. Changez le nombre des phrases suivantes :

Partage ton bien avec les pauvres et n'amoncelle point de richesses inutiles. Vous épelez bien tous les mots. Il ne feuilletait jamais ses livres. Il faut que tu renouvelles bientôt ton abonnement à ce journal. Ce vieillard grommelait et pestait continuellement contre son domestique. Tu bottelais le foin lorsque je suis arrivé. Nous morcelons les grandes propriétés. Je désire que vous étiquetiez ces bocaux. Les cochers attelleront vers six heures. Cette bonne femme caquetait depuis le matin jusqu'au soir. Je voudrais qu'ils ne bosselassent pas ainsi mes couverts. Ne jette pas la pierre à celui qui est coupable. Achetez vos plaisirs par des privations. Leurs petits oiseaux becquètent nos cerises. Le domestique époussetera vos habits. Le blé et la vigne gèlent sur pied. Nous rachèterons vos prairies. Ne harcelez pas vos amis par de nouvelles demandes. Votre frère se jetterait dans une mauvaise spéculation. Je me rappelai cette histoire. Le remords bourrèle les méchants. Nous nous rappelâmes toujours le dernier conseil de notre mère. Nous ficelons vos paquets. Il chancelait dans sa résolution. Le misérable crochetait ma porte. Pourquoi décachettes-tu mes lettres? Je désire que tu plies et que tu cachettes ta lettre avant de sortir. Mon fils se lève aussitôt que je l'appelle, il s'habille, se peigne, se lave, prie Dieu, déjeune et s'achemine vers la pension où il arrive souvent le premier.

VERBES IRRÉGULIERS DE LA 1re CONJUGAISON.

Aller, Envoyer.

84. Les verbes *aller* et *envoyer* sont irréguliers, c'est-à-dire qu'ils ont des temps qui ne se conjuguent pas d'après les règles générales que nous avons données.

85. Le verbe *aller* est irrégulier :

Au présent de l'indicatif : Je *vais*, tu *vas*, il *va*, nous allons, vous allez, ils *vont*.

Au futur : J'*irai*, tu *iras*, il *ira*, nous *irons*, vous *irez*, ils *iront*.

Au conditionnel présent : J'*irais*, tu *irais* il *irait*, nous *irions*, vous *iriez*, ils *iraient*.

A l'impératif : *Va*, allons, allez.

Au présent du subjonctif : Que j'*aille*, que tu *ailles*, qu'il *aille*, que nous allions, que vous alliez, qu'ils *aillent*.

Nota. Les temps que nous ne donnons pas se conjuguent régulièrement.

86. Le verbe *envoyer* est irrégulier :

Au futur : J'*enverrai*, tu *enverras*, il *enverra*, nous *enverrons*, vous *enverrez*, ils *enverront*.

Au conditionnel présent : J'*enverrais*, tu *enverrais*, il *enverrait*, nous *enverrions*, vous *enverriez*, ils *enverraient*.

Devoir n° 55. Écrivez et récitez les verbes *aller* et *renvoyer*.

Devoir n° 56. Changez le nombre des phrases suivantes :

Les riches ont des plaisirs, le pauvre a de la joie. Nous demandons des juges. Il faudrait que ces élèves fussent plus dociles. Ce bon curé n'avait aucune infirmité. Je renonce à cet emploi. Vous renouvelez mes douleurs. Si vous renvoyiez mon fils, je n'aurais rien à dire. Nous employions bien notre temps. Ayez foi dans la sagesse d'un vieillard. Je désirerais que tu arrangeasses cette affaire. Nous n'aurons point de repos que nous n'ayons la certitude de réussir. Ne rayez pas les meubles. Je protége votre enfant. J'irais vous voir si j'étais sûr de vous rencontrer. On voudrait qu'ils se corrigeassent de leurs défauts. L'ardeur et la patience sont nécessaires pour avancer dans le chemin de la fortune. Muselez vos chiens. Renvoyez ce méchant garçon. Lorsque je suis entré, vous lanciez des pierres dans le jardin. On voudrait qu'il eût plus de patience. Nous ne rejetons point vos conseils. Tu manges moins que moi. J'expiais mes torts. On veut que j'aille à la promenade. J'étais sorti lorsque ces messieurs sont arrivés. Il s'efforça de me convaincre. Les maisons que vous achetez sont bien vieilles. Quand il avait peur, il se réfugiait près de moi. Près de lui je ne m'ennuyais pas. Ce soir nous allons au bal. Si la chasse est bonne, tu nous enverras du gibier. Le mémoire fut présenté au ministre. Il demande que je lui envoie mon domestique. Il aurait fallu que vous vendangeassiez plus tôt. Les enfants studieux seront récompensés. Allez à la messe.

SECONDE CONJUGAISON.

87. Tous les verbes dont l'infinitif n'est pas terminé en ER sont de la seconde conjugaison.
Ces verbes se conjuguent sur le 5ᵉ tableau.

88. Un verbe de la seconde conjugaison n'a pas le même radical pour tous les temps, mais il prend les radicaux de ses *temps primitifs*.

89. Il y a cinq temps primitifs : 1º l'*infinitif*, 2º le *participe présent*, 3º le *participe passé*, 4º le *présent de l'indicatif*, 5º le *passé défini*.

90. Avec le radical de l'*infinitif*, on forme le *futur* et le *conditionnel*.

91. Avec le radical du *participe présent*, on forme le *pluriel* du *présent* de l'*indicatif*, l'*imparfait* de l'*indicatif* et le *présent* du *subjonctif*.

92. Avec le *participe passé*, on forme tous les *temps composés* [1].

93. Avec le *présent* de l'*indicatif*, on forme l'*impératif* en supprimant les pronoms.

94. Avec le *passé défini*, on forme l'*imparfait* du *subjonctif*.

95. Les *temps primitifs* se conjuguent avec leur propre radical.
Nous donnons les temps primitifs des verbes que nous faisons conjuguer.

---

[1] La conjugaison des temps composés viendra plus tard.

Pour conjuguer un verbe de la seconde conjugaison, il suffit donc de placer devant les terminaisons du 5⁵ tableau les radicaux indiqués pour chacun des temps.

Les verbes pronominaux se conjuguent aussi sur le 5ᵉ tableau ; seulement on se rappellera que ces verbes s'écrivent avec deux pronoms.

96. EXERCICE sur le verbe FINIR et sur ses dérivés ou analogues, tels que : *abolir, accomplir, agrandir, approfondir, assourdir, bâtir, bannir, chérir, choisir, définir, dépolir, démolir, emplir, ensevelir, envahir, fléchir, guérir, obéir, saisir, subir,* etc.

TEMPS PRIMITIFS.

1 INFINITIF. 2 PART. PRÉS. 3 PART. PASSÉ. 4 PRÉS. DE L'IND. 5 PASSÉ DÉFINI.

Fini**r**, finiss**ant**, fini, je fini**s**. je fini**s**.

Nota. Nous ne donnons que les temps primitifs du verbe modèle ; le professeur fera trouver aux élèves les temps primitifs des verbes qui sont dérivés de celui-là ou qui se conjuguent d'une manière analogue.

Devoir n° 57. Écrivez et récitez les verbes *finir, chérir* et *obéir.* Écrivez et récitez encore les temps primitifs de tous les verbes qui se conjuguent sur *finir.*

Devoir n° 58. Changez le nombre des phrases suivantes :

Tu agis fort imprudemment. Les abeilles se nourrissent du suc des fleurs. Je finis mon devoir. Vous nous choisirez les plus beaux fruits et les meilleures volailles. Nous dépolissons les glaces. Les talents modestes languissent et la médiocrité hardie prospère. La colombe attendrissait par ses gémissements plaintifs les échos de la forêt. Les paresseux se repentiront un jour de leur paresse. Nous ensevelissions les morts. Je gravissais chaque jour le sentier de la montagne. Tu aplanissais les difficultés. Vous dégarnissiez le salon. Ils subirent les mêmes punitions. Nous nous bâtîmes plusieurs petites maisons. Vous envahîtes alors nos provinces. Les plus beaux génies s'affaiblissent toujours avec l'âge. Nous accomplirons nos promesses, et ils rempliront leurs engagements. Votre miroitier me fournira quatre grandes glaces. Les serpents s'engourdissent en hiver. Ma tante choisirait une étoffe moins commune. Ces arbres fleuriront bientôt. Il faut que j'obéisse à mon professeur. Choisis pour ton ami l'élève le plus sage, le plus studieux. Avertissez souvent et ne punissez que dans de rares circonstances. Je désire que vous assainissiez ce logement. J'éclaircirai cette affaire, et, si cet homme est coupable, il sera puni. Il faudrait que les cavaliers franchissent plusieurs haies. Ne ternissez pas la bonne réputation de cette jeune fille. J'espère que mon médecin vous guérira de cette douloureuse maladie. Il faut qu'ils gémissent de leurs fautes. Il aurait fallu qu'ils obéissent sans répliquer. Le vrai chrétien aime Dieu par-dessus toutes choses et son prochain comme lui-même; il respecte et chérit ses chefs, obéit aux lois, pardonne à son ennemi et l'oblige au besoin.

97. Exercice sur les verbes BATTRE, CROÎTRE, CONNAÎTRE, et sur leurs dérivés ou analogues.

TEMPS PRIMITIFS.

1 INFINITIF.	2 PART. PRÉS.	3 PART. PASSÉ.	4 PRÉS. DE L'IND.	5 PASSÉ DÉFINI.
Batt**re**,	batt**ant**,	battu,	je bats,	je battis.
Croît**re**,	croiss**ant**,	crû,	je crois,	je crûs.
Connaît**re**,	Connaiss**ant**,	connu,	je connais,	je connus.

Sur *battre* conjuguez : *abattre, combattre, débattre, s'ébattre, rabattre* et *rebattre*.

Sur *croître* conjuguez : *accroître, recroître* et *décroître*.

Sur *connaître* conjuguez : *méconnaître, reconnaître, paraître, apparaître, comparaître, disparaître* et *reparaître*.

Devoir n° 59. Écrivez et récitez les verbes *battre, croître* et *connaître*. Écrivez et récitez les temps primitifs des verbes qui se conjuguent sur ces trois modèles, et conjuguez oralement plusieurs de ces mêmes verbes.

Devoir n° 60. Changez le nombre des phrases suivantes :

Notre professeur punit les élèves qui battent leurs camarades. Nous battons ces vieilles tapisseries. Le bluet croît dans le blé. Tu connais mes parents. Ces végétaux croissent sur les eaux. Vous connaissez vos devoirs et vous ne vous en acquittez pas. Sa fortune, son crédit et son pouvoir s'accroissent tous les jours. Ce météore paraissait et disparaissait à chaque instant. Notre guide ne reconnaissait plus sa route. Vous accroissiez mon inquiétude. Vous vous débattiez en vain. La douleur abattit mon courage. Tu méconnus son autorité. Nous rabattîmes leur orgueil. Je comparus devant le tribunal. Vous combattîtes alors pour défendre vos droits. Je débattrai avec vous le prix de cette étoffe. Les juges reconnaîtront votre innocence. Nous paraîtrons tous devant Dieu. Il priera pour moi et je combattrai pour lui. Je te paraîtrais plus calme si la chose ne regardait que moi. Ce bois recroîtrait à vue d'œil. Si vous me regardiez attentivement, vous me reconnaîtriez. Ne méconnaissez point vos anciens amis. Ne combattez que pour la bonne cause. N'accroissez pas mes chagrins par votre inconduite. Connais enfin tes véritables amis. Il veut que nous croissions. On aurait désiré qu'il reconnût votre créance. Je demande que ces journaux disparaissent. Il aurait fallu que vous parussiez dans l'assemblée.

98. Exercice sur les verbes CONDUIRE, FUIR, CONCLURE, et sur leurs dérivés ou analogues.

TEMPS PRIMITIFS.

1 INFINITIF.	2 PART. PRÉS.	3 PART. PASSÉ.	4 PRÉS. DE L'IND.	5 PASSÉ DÉFINI
Conduire,	conduisant,	conduit,	je conduis,	je conduisis.
Fuir,	fuyant,	fui,	je fuis.	je fuis.
Conclure,	concluant,	conclu,	je conclus.	je conclus.

Sur *conduire* conjuguez : *éconduire, reconduire, déduire, enduire, induire, introduire, produire, reproduire, réduire, renduire, traduire, construire, reconstruire, détruire, instruire, cuire, recuire,* etc.

Sur *fuir* conjuguez : *s'enfuir* et *refuir*.

Sur *conclure* conjuguez : *exclure*.

Devoir n° 61. Écrivez et récitez les verbes *conduire, fuir* et *conclure*. Écrivez et récitez les temps primitifs des verbes qui se conjuguent sur ces trois modèles, et conjuguez oralement plusieurs de ces mêmes verbes.

Devoir n° 62. Changez le nombre des phrases suivantes :

J'éconduis les importuns. Tu introduisais les ambassadeurs. Le maçon enduit la muraille de plâtre. Vous produirez des preuves ou vous serez condamnés. Notre blanchisseur conduit une voiture plus grande. Les intrigants s'introduisent partout. Les juges conclurent que vos réclamations n'étaient pas fondées. Tu fuyais notre société. Vous excluez mes meilleurs amis. Sa parole vous séduira, et vous lui donnerez votre amitié. Reconduisez ce pauvre aveugle jusqu'à sa porte. Je traduisis plusieurs fables d'Ésope. La pluie détruisit nos récoltes. Vos troupes s'enfuirent dès le premier choc. Vous vous instruirez en même temps que vous enseignerez. Les rivages s'enfuyaient loin de nous et les montagnes s'aplanissaient peu à peu. Nous ne conclurons rien jusqu'à votre retour. Il faut que vous déduisiez de votre revenu une certaine somme pour les pauvres. Le général pillait et détruisait tout sur son passage. Il faut que vous fuyiez avec soin les mauvais exemples. Il faudrait que tu te conduisisses à l'égard de cet homme comme s'il était ton ami. Il aurait fallu qu'il m'introduisît près de vous. N'excluez pas les pauvres de votre table. Votre frère m'induisit en erreur. Déduisez vous-même les conséquences de votre inconduite.

99. Exercice sur les verbes CONTREDIRE, CRAINDRE, MORDRE, et sur leurs dérivés ou analogues.

TEMPS PRIMITIFS.

1 INFINITIF. 2 PART. PRÉS. 3 PART. PASSÉ. 4 PRÉS. DE L'IND. 5 PASSÉ DÉFINI.
Contredire, contredisant, contredit, je contredis, je contredis.
Craindre, craignant, craint, je crains, je craignis.
Mordre, mordant, mordu, je mords, je mordis.

Sur *contredire* conjuguez : *dédire, interdire, médire, prédire.*

Sur *craindre* conjuguez : *contraindre* et *plaindre.*

Sur *mordre* conjuguez : *démordre, remordre, tordre, détordre* et *retordre.*

Nota. Les verbes *contredire, dédire, interdire, médire* et *prédire* font à la 2ᵉ personne du pluriel de l'impératif : *contredites, dédites, interdites, médites* et *prédites.*

Devoir n° 63. Écrivez et récitez les verbes *contredire, craindre* et *mordre.* Écrivez et récitez les temps primitifs des verbes qui se conjuguent sur ces trois modèles, et conjuguez oralement plusieurs de ces mêmes verbes.

Devoir n° 64. Changez le nombre des phrases suivantes :

Je crains de déplaire à mes parents. Nos chiens

mordent les passants. Les loups craignent pour eux et ne se battent que par nécessité. L'araignée prédit tous les changements de temps. Je vous interdis l'entrée de ma maison. Tu médis de ceux qui t'obligent. Vous nous prédisez toujours des événements fâcheux. Tu plaignais les malheureux, mais tu ne les soulageais pas. Vous craigniez la mort et vous ne vous y prépariez pas. Les magistrats interdisent les jeux de hasard. La blanchisseuse lava, tordit, détordit et repassa nos chemises en moins d'une heure. Vous blâmez beaucoup les malheureux des moindres fautes, et vous les plaignez peu des plus grands malheurs. Ils adorent la fortune et ils s'en plaignent. Ne médites jamais de votre prochain. Ne contredis pas pour le plaisir de contredire. Il aurait fallu que vous le contraignissiez à vous payer. Crains les reproches de ta conscience. Je poserai mes conditions et je n'en démordrai pas. Tu te dédis de tes promesses. Il aurait fallu qu'il vous interdît l'usage de la viande. Craignez celui qui ne craint pas Dieu. Des soldats ne craignirent pas de s'adresser à l'empereur et de lui demander la protection dont ils avaient besoin. Nous leur prédîmes la perte de ce procès. Vous vous contraignîtes en leur présence. Nous plaindrions votre frère s'il était innocent.

100. Exercice sur les verbes COUDRE, DORMIR, ÉCRIRE, JOINDRE, et sur leurs dérivés ou analogues.

TEMPS PRIMITIFS.

1 INFINITIF.	2 PART. PRÉS.	3 PART. PASSÉ.	4 PRÉS. DE L'IND.	5 PASSÉ DÉFINI.
Coud**re**,	cous**ant**,	cousu,	je couds,	je cousis.
Dormi**r**,	dorm**ant**,	dormi,	je dors,	je dormis.
Écri**re**,	écriv**ant**,	écrit,	j'écris,	j'écrivis.
Joind**re**,	joign**ant**,	joint,	je joins,	je joignis.

Sur *coudre* conjuguez : *découdre* et *recoudre*.

Sur *dormir* conjuguez : *endormir* et *rendormir*.

Sur *écrire* conjuguez : *décrire, circonscrire, inscrire, prescrire, récrire, proscrire, souscrire* et *transcrire*.

Sur *joindre* conjuguez : *adjoindre, disjoindre, conjoindre, enjoindre, oindre* et *rejoindre*.

Devoir n° 65. Écrivez et récitez les verbes *coudre, dormir, écrire* et *joindre*. Écrivez et récitez les temps primitifs des verbes qui se conjuguent sur ces modèles, et conjuguez oralement plusieurs de ces mêmes verbes.

Devoir n° 66. Changez le nombre des phrases suivantes :

Mes sœurs cousent toute la journée. Je ne dors pas. Vous inscrivez vos dépenses. Ils rejoignent leurs camarades. Les ouvrières cousaient nos chemises. Le médecin prescrivait chaque jour de nouveaux remèdes. Les marmottes dorment pendant l'hiver. Je vous rejoins en un instant. Tu t'endormais près du feu. Nous recousions nos hardes afin de nous garantir du froid. Tu découds ma blouse. Nos soldats recousent eux-mêmes leurs chemises. Il nous décrivait tous les lieux où il passait. Nous dormîmes aux coups de vent dans les oliviers et au bruit des lames sur la côte. Vous inscrivîtes nos noms sur vos listes. Les magistrats nous enjoignirent de quitter la ville. Le tyran proscrivit trois à quatre mille citoyens. Elles décousirent leurs robes. Lorsque nous nous réveillons après minuit, nous ne nous rendormons pas. Votre tante s'endormit fort tard. Le prêtre oindra les malades avec les saintes huiles. Si j'osais, je joindrais ma demande à la vôtre. Nous rejoignons notre régiment. Je lui récrirai encore. Recousez les boutons de ce paletot. Il fallait que tu enjoignisses à ces officiers de se tenir à leur poste. Il faut que vous leur adjoigniez deux hommes capables. Écris à ton oncle. Une bonne mère de famille coudra toujours mieux qu'elle ne dansera. Enjoignez à vos domestiques d'être plus polis avec les étrangers. Il fallait que chaque jour nous leur prescrivissions ce qu'ils avaient à faire. On désire que je souscrive trois billets à l'ordre de ce marchand. Il souscrivit à toutes nos conditions.

101. Exercice sur les verbes CONFIRE, FONDRE, METTRE et sur leurs dérivés ou analogues.

TEMPS PRIMITIFS.

1 INFINITIF.	2 PART. PRÉS.	3 PART. PASSÉ.	4 PRÉS DE L'IND.	5 PASSÉ DÉFINI
Confi**re**,	confis**ant**,	confit,	je confi**s**,	je confi**s**.
Fond**re**,	fond**ant**,	fondu,	je fond**s**,	je fondi**s**.
Mett**re**,	mett**ant**,	mis,	je met**s**,	je mi**s**.

Sur *confire* conjuguez : *déconfire*.
Sur *fondre* conjuguez : *confondre, morfondre, refondre, pondre, correspondre* et *répondre*.
Sur *mettre* conjuguez : *admettre, commettre, compromettre, démettre, émettre, entremettre, omettre, permettre, remettre, soumettre* et *transmettre*.

Devoir n° 67. Écrivez et récitez les verbes *confire, fondre* et *mettre*. Écrivez et récitez les temps primitifs des verbes qui se conjuguent sur ces modèles, et conjuguez oralement plusieurs de ces mêmes verbes.

Devoir n° 68. Changez le nombre des phrases suivantes :

Nous confisons nos fruits. Nos poules ne pondent plus. Je permets ce jeu. Tu compromets ta réputation. Vous correspondez avec les préfets. Il promet de se corriger. Le malheureux fondait en larmes. Vous confondiez l'amour-propre, la vanité et l'orgueil. Il se morfondait à la porte du palais. Nous refondions les métaux précieux. Je lui transmettais les ordres du général. Ils émettaient de la fausse monnaie. Je lui répondis que je me souciais peu des affaires qui ne me regardaient pas. Il se démit de ses fonctions. Ils mirent vingt ours à nous répondre. Nos généraux commirent plusieurs fautes et compromirent ainsi le succès de nos armes. Le vitrier remettra ce carreau cassé. Je confirai des mirabelles et je vous en enverrai. Les peuples répondirent à la douleur de leur prince. Je transmettrai vos réclamations à l'autorité. Tu confondras cet imposteur. Il refondit cet ouvrage. Les médecins mettront tous leurs soins à vous guérir. Vous commettriez une mauvaise action. S'il m'écrivait, je lui répondrais. Si nos prunes étaient plus belles, nous les confirions. Ne mets pas de précipitation dans tes jugements. Il faudrait que tu misses plus d'ardeur au travail. N'omettez point un fait si important. On veut que je lui soumette mon travail. On voulait qu'ils promissent de revenir avant la fin de l'année.

102. Exercice sur les verbes LIRE, MENTIR, PEINDRE, et sur leurs dérivés ou analogues.

TEMPS PRIMITIFS.

1 INFINITIF. 2 PART. PRÉS. 3 PART. PASSÉ. 4 PRÉS. DE D'IND. 5 PASSÉ DÉFINI.

Lire,	lis**ant**,	lu,	je lis,	je lus.
Mentir,	ment**ant**,	menti,	je mens,	je mentis.
Peindre,	peign**ant**,	peint,	je peins,	je peignis.

Sur *lire* conjuguez : *relire, élire* et *réélire*.
Sur *mentir* conjuguez : *démentir*.
Sur *peindre* conjuguez : *dépeindre, repeindre, étreindre, astreindre, restreindre, enfreindre, ceindre, enceindre, feindre, teindre, atteindre, déteindre, reteindre* et *éteindre*.

Devoir n° 69. Écrivez et récitez les verbes *lire, mentir* et *peindre*. Écrivez et récitez les temps primitifs des verbes qui se conjuguent sur ces modèles, et conjuguez oralement plusieurs de ces mêmes verbes.

Devoir n° 70. Changez le nombre des phrases suivantes :

Vous relisez sa lettre. Tu lis un mauvais livre. L'homme n'atteint le bonheur que dans les cieux. Nous restreignons nos dépenses. Vous mentez à votre promesse. Je teignais de la toile et je la tordais. Nous lisions les journaux. S'il n'atteignait pas les originaux, du moins il en approchait. Tu mentais sans le savoir. Ils s'astreignaient à un travail fatigant. Il ceignit son épée et monta à cheval. Nous les peignîmes tels qu'ils sont. Je ne relus jamais cet ouvrage. Vous déteignîtes ma plus belle robe. Les prêtres lurent les prières des agonisants. Tu éteignis le feu avec un seau d'eau. Je feignis de le croire, et je le laissai parler. Nous réélirons notre président. Vous repeindrez tous les plafonds. Ils enceindront la ville de murailles. Vous lirez avec plaisir les œuvres de Walter Scott. Tu lui dépeindras nos malheurs et tu lui demanderas sa protection. Je ne démentirai point ma naissance. Ne mens jamais. Pourquoi démentez-vous cet homme? Il enfreindrait vos ordres. On voulait une loi qui restreignît la liberté de la presse. On veut que je m'astreigne à un travail assidu. Il faudrait que tu peignisses cela à plus grands traits. Lisez et relisez sans cesse la lettre de votre mère. On voulait que je mentisse pour le sauver. Malheur aux hommes qui enfreignent la loi de Dieu! Il feignait de dormir pour ne pas me répondre. Nous atteignons enfin le but de notre voyage.

103. Exercice sur les verbes MOUDRE, NAÎTRE, PLAIRE, PERDRE, et sur leurs dérivés ou analogues.

TEMPS PRIMITIFS.

1 INFINITIF.	2 PART. PRÉS.	3 PART. PASSÉ.	4 PRÉS. DE L'IND.	5 PASSÉ DÉFINI.
Moud**re**,	moul**ant**,	moulu,	je mouds,	je moulus.
Naît**re**,	naiss**ant**,	né,	je nais,	je naquis.
Plai**re**,	plais**ant**,	plu,	je plais,	je plus.
Perd**re**,	perd**ant**,	perdu,	je perds,	je perdis.

Nota. Le verbe *plaire* et ses dérivés prennent un accent circonflexe à la 3º personne du singulier du présent de l'indicatif : *Il plaît, il déplaît,* etc.

Sur *moudre* conjuguez : *émoudre, remoudre* et *rémoudre*.
Sur *naître* conjuguez : *renaître.*
Sur *plaire* conjuguez : *déplaire* et *complaire.*
Sur *perdre* conjuguez : *reperdre.*

Devoir nº 71. Écrivez et récitez les verbes *moudre, naître, plaire* et *perdre*. Écrivez les temps primitifs des verbes qui se conjuguent sur ces modèles, et conjuguez oralement plusieurs de ces mêmes verbes.

Devoir nº 72. Changez le nombre des phrases suivantes :

Les hommes naissent sans connaissance comme sans défense. Nous moulions autrefois une plus grande quantité de grain que nous n'en moulons aujourd'hui. L'enfant qui pleure déplaît. Je renais à l'espérance. Vous reperdez votre argent. Notre moulin moulait trop gros. Mes amis perdaient à ce marché. Ils émoulaient nos couteaux. Vous vous complaisiez dans votre paresse. Ils moulurent tout le grain qu'ils possédaient. Vous naquîtes avec des inclinations libres et généreuses. Il naquit à Paris. Je plus à votre père. Vous déplûtes à vos camarades. Si tu convoites le bien d'autrui, tu perdras justement le tien. Il ne plaira jamais aux autres autant qu'il se plaît à lui-même. Vous remoudrez le café, il est trop gros. Ils déplairont à toute la famille. Vous perdriez votre procès. Il perdrait la considération dont il jouit. Ce livre te plairait. De nouvelles difficultés naîtront de ce débat. Rémoulez votre hache. Complais à ton maître. Il faut que le travail lui plaise. Instruisez-vous, en cas que vous perdiez un jour votre fortune. On voulait que je me plusse dans cette maison. On aurait désiré qu'il perdît la bataille. L'homme qui dispute, aigrit, déplaît, et ne persuade pas. Je ne perds pas mon temps ; j'exerce mon intelligence ; je lis, j'écris, je peins, je compose, je traduis, je me promène; je ne m'ennuie jamais, et je vieillis d'une manière agréable.

104. Exercice sur les verbes PARTIR, RENDRE, RÉPANDRE, RIRE, et sur leurs dérivés ou analogues.

TEMPS PRIMITIFS.

1 INFINITIF.	2 PART. PRÉS.	3 PART. PASSÉ.	4 PRÉS. DE L'IND.	5 PASSÉ DÉFINI.
Partir,	partant,	parti,	je pars,	je partis.
Rendre,	rendant,	rendu,	je rends,	je rendis.
Répandre,	répandant,	répandu,	je répands,	je répandis.
Rire,	riant,	ri,	je ris,	je ris.

Sur *partir* conjuguez : *repartir* et *départir*.
Sur *rendre* conjuguez : *pendre, appendre, dépendre, suspendre, attendre, tendre, détendre, retendre, entendre, vendre, prétendre, revendre, descendre, redescendre, condescendre, fendre, défendre, pourfendre,* etc.
Sur *répandre* conjuguez : *épandre*.
Sur *rire* conjuguez : *sourire*.

Devoir n° 73. Écrivez et récitez les verbes *partir, rendre, répandre* et *rire*. Écrivez et récitez les temps primitifs des verbes qui se conjuguent sur ces modèles, et conjuguez oralement plusieurs de ces mêmes verbes.

Devoir n° 74. Changez le nombre des phrases suivantes :

Je pars aujourd'hui. Nos planches se fendent. Il soupire, étend les bras, ferme l'œil et s'endort. Cette affaire est tellement embrouillée que je n'y entends rien. Si vous achetez le superflu, vous vendrez bientôt le nécessaire. Le directeur s'oppose à ce que nous partions pour l'armée. Il faut que je reparte demain. Tu répands la liqueur. Tu riais sans cesse et je pleurais toujours. Cette funeste nouvelle se répandit par toute la province. Les fleuves s'étendent à mesure qu'ils s'éloignent de leur source. Nous vendrions plutôt tout ce que nous possédons que de manquer à nos engagements. Il me souriait à chaque instant. Qui que tu sois, rends compte à la patrie de tes actions. Les courtisans pleureront d'un œil et riront de l'autre. Votre discours ne produisit pas tout l'effet que vous en attendiez. Nous entendîmes un magnifique sermon sur la charité. Il défendit de poursuivre le coupable. Suspendez vos jugements et ne prononcez qu'après un examen sérieux. Il sortit de sa chambre pour nous répondre. Je ne condescendrai point à tous vos caprices. Deux jours après on voulait qu'ils repartissent. Ne descends pas jusqu'à te justifier quand tu es accusé par un homme méprisable. Les guerriers appendirent leurs étendards à la voûte du temple. On veut que je lui tende la main. Il aurait fallu que j'attendisse trop longtemps.

105. Exercice sur les verbes SERVIR, SORTIR, SENTIR, ROMPRE, et sur leurs dérivés ou analogues.

TEMPS PRIMITIFS.

1 INFINITIF.	2 PART. PRÉS.	3 PART. PASSÉ.	4 PRÉS. DE L'IND.	5 PASSÉ DÉFINI.
Serv**ir**,	serv**ant**,	servi,	je sers,	je servis.
Sent**ir**,	sent**ant**,	senti,	je sens,	je sentis.
Sort**ir**,	sort**ant**,	sorti,	je sors,	je sortis.
Romp**re**,	romp**ant**,	rompu,	je romps,	je rompis.

Sur *servir* conjuguez : *desservir*.
Sur *sentir* conjuguez : *consentir, ressentir, pressentir* et *se repentir*.
Sur *sortir* conjuguez : *ressortir*.
Sur *rompre* conjuguez : *corrompre* et *interrompre*.

Devoir n° 75. Écrivez et récitez les verbes *servir, sentir, sortir* et *rompre*. Écrivez et récitez les temps primitifs des verbes qui se

107. Exercice sur les verbes HAÏR, CROIRE, NUIRE, MAUDIRE et RÉSOUDRE.

TEMPS PRIMITIFS.

1 INFINITIF. 2 PART. PRÉS. 3 PART. PASSÉ. 4 PRÉS. DE L'IND. 5. PASSÉ DÉFINI.

Haïr,	haïss**ant**,	haï,	je hais,	je haïs.
Croi**re**,	croy**ant**,	cru,	je crois,	je crus.
Nui**re**,	nuis**ant**,	nui,	je nuis,	je nuisis.
Maudi**re**,	maudiss**ant**,	maudit,	je maudis,	je maudis.
Résoud**re**,	résolv**ant**,	résolu,	je résous,	je résolus.

Nota. Le verbe *haïr* prend le tréma sur l'*i* dans toute sa conjugaison, excepté aux trois personnes du singulier du *présent* de l'*indicatif* et à la seconde personne du singulier de l'*impératif*. Le tréma remplace l'accent circonflexe aux deux premières personnes du pluriel du *passé défini* et à la troisième personne du singulier de l'*imparfait* du *subjonctif*.

Devoir n° 79. Écrivez et récitez les verbes *haïr, croire, nuire, maudire* et *résoudre*.

Devoir n° 80. Changez le nombre des phrases suivantes.

Je crois en Dieu. L'homme vain croit occuper une grande place dans le monde, tandis que l'homme de génie sent combien il est peu de chose au milieu de l'univers. Je hais les richesses, parce qu'elles donnent souvent de mauvais conseils. Il faut que je croie au témoignage de cette femme. Nous résolvons vos problèmes. Cette boisson nuit à la santé. On voudrait qu'ils se résolussent à partir. Otez-vous de là, vous me nuisez. Plus tard, ils maudiront leur paresse. Les hommes croient plus leurs yeux que leurs oreilles. Ses défauts lui nuisent plus que tous ses ennemis. Nous maudissions nos persécuteurs. Tu hais cet homme sans le connaître; peut-être tu l'aimerais si tu le connaissais davantage. Je maudis le jour où je suis né. Il haïssait naturellement le vin. Cet homme te nuira dans tes affaires. Croyez-vous cet homme-là? Nous ne mentons jamais, car nous haïssons le mensonge, nous confondons l'imposture et nous la réduisons au silence. Les chrétiens croient tout ce que l'Église enseigne. Ces tumeurs ne se résoudront pas facilement. Vos cousines croyaient entendre des gémissements. Ils crurent longtemps à l'astrologie. Hais le péché. Nous le crûmes capable de tout. Vous maudîtes votre entêtement. Je me croirais obligé de répondre. Tu ne nuisis à personne. Vous le haïtes sans raison. Je résolus d'agir sans plus tarder. Il n'en croira là-dessus que les arbitres. Il faudrait qu'il crût à la médecine.

108. Exercice sur les verbes PRÉVOIR, POURVOIR, TAIRE, SUFFIRE et ABSOUDRE.

TEMPS PRIMITIFS.

1 INFINITIF.	2 PART. PRÉS.	3 PART. PASSÉ.	4 PRÉS. DE L'IND.	5 PASSÉ DÉFINI.
Prévoir,	prévoyant,	prévu,	je prévois,	je prévis.
Pourvoir,	pourvoyant,	pourvu,	je pourvois,	je pourvus.
Taire,	taisant,	tu,	je tais,	je tus.
Suffire,	suffisant,	suffi,	je suffis,	. . . .
Absoudre,	absolvant,	absous,	j'absous,	. . . .

Nota. Les verbes *suffire* et *absoudre* n'ont point de *passé défini* et par conséquent point d'*imparfait* du *subjonctif*. Le participe passé *absous* s'écrit *absoute* au féminin.

Sur *absoudre* conjuguez : *dissoudre*.

Devoir n° 81. Écrivez et récitez les verbes *prévoir, pourvoir, taire, suffire* et *absoudre*.

Devoir n° 82. Changez le nombre des phrases suivantes :

J'écoute, je réponds, j'interroge, je me tais et je ris

selon l'occasion. Les vents se taisent à la voix du Seigneur. Un tribunal exceptionnel absout rarement. Nous prévoyons vos besoins et nous y pourvoyons. Je ne t'absoudrais point d'une pareille faute. Ce renseignement te suffit. Il faut que je pourvoie à toutes ses nécessités les plus pressantes. Les prêtres absolvent souvent ceux que les tribunaux condamnent. Je suffisais à tous vos besoins. Les élèves se turent à la voix de leur maître. Ces sommes ne suffiront pas pour payer vos dettes. Nous pourvûmes la place de vivres et de munitions. Je vous absous de votre négligence en faveur de votre repentir. Ces acides dissolvent les métaux. Ils faut que vous dissolviez cette société de commerce. Je me pourvoirai en justice. La plus légère contrariété suffisait pour l'irriter. Les juges vous absoudront d'un délit qui n'est pas qualifié punissable par la loi. Ce sel se dissout promptement. Il pourvoyait à sa subsistance et à celle de sa famille. Quelques paroles suffiraient pour le rendre heureux. Ces cadavres se dissoudront et tomberont en poussière. Pourvoyez par ce moyen à l'insuffisance de la loi. Il faut qu'il se taise malgré lui. Si tu doutes, absous un accusé, et ne t'expose pas à condamner un innocent. Si tu ne pourvois à mes besoins, ton frère y pourvoira. On désire que cet appartement vous suffise. Il aurait fallu que je prévisse votre arrivée.

VERBES IRRÉGULIERS DE LA 2ᵉ CONJUGAISON.

109. Exercice sur les verbes ACQUÉRIR, COURIR, COUVRIR, et sur leurs dérivés ou analogues.

TEMPS PRIMITIFS.

1 INFINITIF.	2 PART. PRÉS.	3 PART. PASSÉ.	4 PRÉS. DE L'IND.	5 PASSÉ DÉFINI.
Venir,	ven**ant**,	venu,	je viens,	je vins.
Asseoir,	assey**ant**,	assis,	j'assieds,	j'assis.
Concevoir,	concev**ant**,	conçu,	je conçois,	je conçus.
Mouvoir,	mouv**ant**,	mû,	je meus,	je mus.

110. *Irrégularités du verbe* ACQUÉRIR.

1° 3ᵉ personne du pluriel du présent de l'indicatif : ils *acquièrent*.

2° Futur et conditionnel ; radical, *acquer* : J'acquerrai, etc.

3° Présent du subjonctif : Que j'*acquière*, que tu *acquières*, qu'il *acquière*, que nous acquérions, que vous acquériez, qu'ils *acquièrent*.

Sur *acquérir*, conjuguez : *conquérir*, *s'enquérir*, *requérir* et *reconquérir*.

111. *Irrégularités du verbe* COURIR.

Futur et conditionnel ; radical, *cour* : Je courrai, etc.

Sur *courir* conjuguez : *accourir*, *concourir*, *discourir*, *encourir*, *parcourir*, *recourir* et *secourir*.

112. *Irrégularités du verbe* COUVRIR.

1° Présent de l'indicatif : Je *couvre*, tu *couvres*, il *couvre*, nous *couvrons*, vous *couvrez*, ils *couvrent*.

2° Mode impératif : *Couvre, couvrons, couvrez.*

Sur *couvrir* conjuguez : *ouvrir, découvrir, entr'ouvrir, rouvrir, recouvrir, offrir, souffrir, assaillir* et *tressaillir*.

Devoir n° 83 Ecrivez et récitez les verbes *acquérir, courir* et *couvrir*. Ecrivez et récitez les temps primitifs des verbes qui se conjuguent sur ce modèle.

Devoir n° 84. Changez le nombre des phrases suivantes :

Si tu ouvres ton cœur à une passion, toutes les autres y pénétreront. Le sage secourt et protége les malheureux. Les paresseux vivent d'espérance; aussi courent-ils le risque de mourir de faim. Tu acquiers de nouveaux droits à l'estime publique. Jamais tentation plus dangereuse n'assaillit mon cœur. Nous concourûmes la même année pour le prix d'éloquence. Enquérez-vous soigneusement de cette affaire. Le procureur requérait la punition du coupable. Les enfants souffraient de la division de leurs parents. Tu acquerras les bonnes grâces de tes chefs. Il faudrait que tu découvrisses la cause de cette maladie. Entr'ouvrez cette fenêtre. Nous souffrons de la faim et de la soif. Je lui offris mes services. Quand vous courriez pendant une heure, vous n'arriveriez pas à temps. Les envieux n'ouvrent jamais la bouche que pour médire. Ne cours pas après l'esprit. Je souffrirai et je ne me plaindrai pas. Il aurait fallu que je requisse la force publique pour le faire partir. La chèvre marche, s'arrête, court, bondit, saute, s'approche, s'éloigne, se montre, se cache ou fuit comme par caprice. Nous concourrons pour le prix de peinture. Vous encourriez l'indignation de votre famille. Nos généraux conquirent plusieurs de vos provinces. Il acquiert chaque jour de nouvelles propriétés. Le vice se couvre quelquefois des apparences de la vertu. Je désire qu'il acquière quelque chose en mon nom. Je le couvris de confusion. Il faudrait que je courusse depuis le matin jusqu'au soir. Vos cousines accoururent à notre rencontre. Vous discouriez sans cesse sur des choses que vous ne connaissiez pas. Parcourez le jardin, mais ne touchez à aucune plante. Nous assaillîmes les ennemis dans leurs retranchements. Tressaillez d'allégresse, le jour du triomphe est arrivé.

113. Exercice sur les verbes CUEILLIR, MOURIR, TENIR et sur leurs dérivés ou analogues.

TEMPS PRIMITIFS.

1 INFINITIF.	2 PART. PRÉS.	3 PART. PASSÉ.	4 PRÉS. DE L'IND.	5 PASSÉ DÉFINI.
Cueillir,	cueill**ant**,	cueilli,	je cueill**e**,	je cueilli**s**,
Mourir,	mour**ant**,	mort,	je meur**s**,	je mouru**s**,
Tenir,	ten**ant**,	tenu,	je tien**s**,	je tin**s**.

114. *Irrégularités du verbe* CUEILLIR.

1° Présent de l'indicatif : Je *cueille*, tu *cueilles*, il *cueille*, nous *cueillons*, vous *cueillez*, ils *cueillent*.

2° Futur et conditionnel ; radical, *cueille* : Je cueillerai, etc.

3° Mode impératif : *Cueille, cueillons, cueillez.*

Sur *cueillir* conjuguez : *accueillir*, et *recueillir*.

115. *Irrégularités du verbe* MOURIR.

1° Présent de l'indicatif : Je meurs, tu meurs, il meurt, nous mourons, vous mourez, ils *meurent*.

2° Futur et conditionnel ; radical, *mour* : Je mourrai, etc.

3° Présent du subjonctif : Que je *meure*, que tu *meures*, qu'il *meure*, que nous mourions, que vous mouriez, qu'ils *meurent*.

4.

116. *Irrégularités du verbe* TENIR.

1° Présent de l'indicatif : Je tiens, tu tiens, il tient, nous tenons, vous tenez, ils *tiennent*.

2° Futur et conditionnel ; radical, *tiend* : Je tiendrai, etc.

3° Présent du subjonctif : Que je *tienne*, que tu *tiennes*, qu'il *tienne*, que nous tenions, que vous teniez, qu'ils *tiennent*.

Sur *tenir* conjuguez : *s'abstenir, appartenir, contenir, détenir, entretenir, maintenir, obtenir, retenir* et *soutenir*.

Devoir n° 85. Écrivez et récitez les verbes *cueillir, mourir* et *tenir*. Écrivez et récitez les temps primitifs des verbes qui se conjuguent sur ces modèles.

Devoir n° 86. Changez le nombre des phrases suivantes :

Nous tenons à ce que nos familles soient unies. Il est mort comme meurt le héros chrétien. Je vais au jardin, j'y cueille des fleurs et je les offre à ma mère. Abstenez-vous de tout blâme sévère à l'égard des autres. Moins vous exigerez, plus vous obtiendrez. Les pigeons sont des captifs volontaires, des hôtes fugitifs, qui ne se tiennent dans les logements qu'on leur offre qu'autant qu'ils s'y plaisent, autant qu'ils y trouvent la nourriture abondante et le gîte agréable. Acquiers des vertus, et tu ne mourras pas tout entier. Nous tremblions qu'ils ne mourût de ses blessures. Ces livres appartiennent à votre frère. Ne compte donc jamais, mon enfant, sur le présent, mais soutiens-toi dans le sentier âpre et rude de la vertu par la vue de l'avenir. Je cueillis un second et un troisième fruit, et je ne me lassais pas d'exercer ma main pour satisfaire mon goût. Assurément vous ne mourrez point, mais vous serez semblables à Dieu, connaissant le bien et le mal. Je recueillais ses moindres discours, et ils se gravaient dans ma mémoire.

Vous retenez un objet qui m'appartient. Il faut qu'un professeur maintienne l'ordre et la dicipline. Il aurait fallu qu'il recueillît cette succession. Vos bienfaits ne mourront jamais dans ma mémoire. On veut que je meure en bon chrétien. Ces questions appartiennent à la philosophie. Je désire que tu obtiennes les suffrages du public. Je mourrai en homme de cœur. Je vous prie de payer cette somme pour moi, et vous la retiendrez sur l'argent que mon fermier vous remettra. Entretenez votre frère dans ces bonnes dispositions. N'allez pas faire un esclandre en pleurant, en criant; retenez-vous.

117. Exercice sur les verbes VENIR, ASSEOIR, CONCEVOIR, MOUVOIR et sur leurs dérivés ou analogues.

TEMPS PRIMITIFS.

1 INFINITIF.	2 PART. PRÉS.	3 PART. PASSÉ.	4 PRÉS. DE L'IND.	5 PASSÉ DÉFINI.
Venir,	ven**ant**,	venu,	je viens,	je vins.
Asseoir,	assey**ant**.	assis,	j'assieds,	j'assis,
Concevoir,	concev**ant**,	conçu,	je conçois,	je conçus,
Mouvoir,	mouv**ant**,	mû,	je meus,	je mus.

118. *Irrégularités du verbe* VENIR.

1° Présent de l'indicatif : Je viens, tu viens, il vient, nous venons, vous venez, ils *viennent*.

2° Futur et conditionnel; radical, *viend :* Je viendrai, etc.

3° Présent du subjonctif : Que je *vienne*, que tu *viennes*, qu'il *vienne*, que nous venions, que vous veniez, qu'ils *viennent*.

Sur *venir* conjuguez : *circonvenir, devenir, disconvenir, intervenir, parvenir, prévenir, ressouvenir, redevenir, se souvenir, subvenir, provenir, revenir, survenir* et *convenir*.

119. *Irrégularités du verbe* ASSEOIR.

Futur et conditionnel; radical, *assié* : J'assiérai, etc.

Sur *asseoir* conjuguez : *s'asseoir* et *rasseoir*.

120. *Irrégularités du verbe* CONCEVOIR.

1° Présent de l'indicatif : Je conçois, tu conçois, il conçoit, nous concevons, vous concevez, ils *conçoivent*.

2° Futur et conditionnel; radical, *concev* : Je concevrai, etc.

3° Présent du subjonctif : Que je *conçoive*, que tu *conçoives*, qu'il *conçoive*, que nous concevions, que vous conceviez, qu'ils *conçoivent*.

Sur *concevoir* conjuguez : *apercevoir*, *devoir*, *percevoir*, *recevoir*, *redevoir* et *décevoir*.

121. *Irrégularités du verbe* MOUVOIR.

1° Présent de l'indicatif : Je meus, tu meus, il meut, nous mouvons, vous mouvez, ils *meuvent*.

2° Futur et conditionnel; radical, *mouv* : Je mouvrai, etc.

3° Présent du subjonctif : Que je *meuve*, que tu *meuves*, qu'il *meuve*, que nous mouvions, que vous mouviez, qu'ils *meuvent*.

Sur *mouvoir* conjuguez : *émouvoir*.

Devoir n° 87. Écrivez et récitez les verbes *venir, asseoir, concevoir* et *mouvoir*. Écrivez et récitez les temps primitifs des verbes qui se conjuguent sur ces modèles.

Devoir n° 88. Changez le nombre des phrases suivantes :

Vos cousins viennent rarement ici. Ce notaire me reçut dans son cabinet. Je désire que tu perçoives les loyers de cette maison. Un loup affamé vint, par les fentes de l'enceinte, reconnaître l'état du troupeau. Le chien ne se rebute pas par les mauvais traitements, il les subit, les oublie, ou ne s'en souvient que pour s'attacher davantage. Le bœuf ne convient pas autant que le cheval et l'âne pour porter des fardeaux. Viens demain, et n'y manque pas; autrement tu me fâcherais. Ce corps se meut en ligne droite. Je reviendrai peut-être à mon ancien projet. Tu percevras les revenus de cette propriété. Nos troupes revinrent à la charge. Je désire que tu reviennes bientôt. Il aurait fallu que je reçusse plus tôt votre demande. En traversant des champs abandonnés, j'aperçus plusieurs personnes qui se glissaient dans l'ombre. Les enfants venaient recevoir des leçons de vertu en entendant louer leur père. Tu dois ta part de travail à la société. Je recevais ses lettres, mais je n'y répondais pas. Le général s'asseyait rarement devant lui. Venez, vous vous assiérez à l'ombre. Asseyez-vous près de moi et écoutez-moi attentivement. Il serait impossible que tu musses cette masse sans un levier. Ceux qui bravent la mort ne la reçoivent pas sans la donner. Il faudrait que je vous dusse quelque chose. Souvenons-nous des bienfaits et oublions les injures. Un accident si étrange devrait nous pénétrer jusqu'au fond de l'âme. Il n'était pas convenable que je m'assisse en sa présence. Nous nous émûmes avec raison à l'arrivée de cette nouvelle.

122. Exercice sur les verbes SAVOIR, VOIR, BOIRE et sur leurs dérivés ou analogues.

TEMPS PRIMITIFS.

1 INFINITIF.	2 PART. PRÉS.	3 PART. PASSÉ.	4 PRÉS. DE L'IND.	5 PASSÉ DÉFINI.
Savoir,	sach**ant**,	su,	je sai**s**,	je su**s**,
Voir,	voy**ant**,	vu,	je voi**s**,	je vi**s**.
Boi**re**,	buv**ant**,	bu,	je boi**s**,	je bu**s**.

123. *Irrégularités du verbe* SAVOIR.

1° Présent de l'indicatif : Je sais, tu sais, il sait, nous *savons*, vous *savez*, ils *savent*.
2° Imparfait de l'indicatif ; radical, *sav* : Je savais, etc.
3° Futur et conditionnel ; radical, *sau* : Je saurais, etc.
4° Impératif : *Sache, sachons, sachez.*

124. *Irrégularités du verbe* VOIR.

Futur et conditionnel ; radical, *ver* : Je verrai, etc.
Sur *voir* conjuguez : *entrevoir* et *revoir*.

125. *Irrégularités du verbe* BOIRE.

1° Présent de l'indicatif : Je bois, tu bois, il boit, nous *buvons*, vous *buvez*, ils *boivent*.
2° Présent du subjonctif : Que je *boive*, que tu *boives*, qu'il *boive*, que nous buvions, que vous buviez, qu'ils *boivent*.

Devoir n° 89. Écrivez et récitez les verbes *savoir*, *voir* et *boire*. Conjuguez oralement les verbes *entrevoir* et *revoir*.

Devoir n° 90. Changez le nombre des phrases suivantes.

Je sais que vous êtes mon ennemi ; mais je vous crois assez de vertu pour ne pas abuser de ma confiance et de mon malheur. Les femmes arabes boivent encore le lait de leurs chamelles. Les tyrans qui ne respectent rien verront bientôt la fin de leur puissance. Nous ne buvons qu'à prix d'or l'eau qui coule de nos fontaines. Tu ne buvais que de la bière. Sachez que j'ai encore le pouvoir de vous punir. Vois à qui je me fie. Nous fûmes tellement surpris, que nous ne sûmes rien répondre. Je ne me souciais guère de tous les fous que je voyais ; et je me croyais sage en me moquant d'eux. Mon oncle voyait quelquefois votre cousin. Vous reverrez le ministre et vous lui parlerez de ce nouvel incident. Le renard sait se mettre en sûreté en se pratiquant un asile, où il se retire dans les dangers pressants, où il s'établit, où il élève ses petits. J'entrevis tout de suite les conséquences de mon indiscrétion. Celui qui ne sait pas obéir n'est pas digne de commander. Je désire que cet enfant ne boive que de l'eau pure. Les bergers avec leurs flûtes se virent bientôt plus heureux que les rois. Il aurait fallu que je susse d'avance ce qui devait arriver. Il faut que nous buvions du lait tous les matins. Si je sortais, tout le monde se mettait aux fenêtres; si j'étais aux Tuileries, je voyais aussitôt un cercle se former autour de moi; si j'étais au spectacle, je trouvais d'abord cent lorgnettes dressées contre ma figure : enfin jamais homme n'a tant été vu que moi.

126. Exercice sur les verbes DIRE, FAIRE, PRENDRE et sur leurs dérivés ou analogues.

TEMPS PRIMITIFS.

1 INFINITIF.	2 PART. PRÉS.	3 PART. PASSÉ.	4 PRÉS. DE L'IND.	5 PASSÉ DÉFINI.
Dire,	disant,	dit,	je dis,	je dis.
Faire,	faisant,	fait,	je fais,	je fis.
Prendre,	prenant,	pris,	je prends,	je pris.

127. *Irrégularités du verbe* DIRE.

Présent de l'indicatif : Je dis, tu dis, il dit, nous disons, vous *dites*, ils disent.

Sur *dire* conjuguez : *redire*.

128. *Irrégularités du verbe* FAIRE.

1° Présent de l'indicatif : Je fais, tu fais, il fait, nous faisons, vous *faites*, ils *font*.

2° Futur et conditionnel; radical, *fe* : Je ferai, etc.
3° Présent du subjonctif : Que je *fasse*, que tu *fasses*, qu'il *fasse*, que nous *fassions*, que vous *fassiez*, qu'ils *fassent*.

Sur *faire* conjuguez : *contrefaire, défaire, refaire, satisfaire* et *surfaire*.

129. *Irrégularités du verbe* PRENDRE.

1° Présent de l'indicatif : Je prends, tu prends, il prend, nous prenons, vous prenez, ils *prennent*.
2° Présent du subjonctif : Que je *prenne*, que tu *prennes*, qu'il *prenne*, que nous prenions, que vous preniez, qu'ils *prennent*.

Sur *prendre* conjuguez : *apprendre, comprendre, désapprendre, entreprendre, s'éprendre, se méprendre, rapprendre, reprendre* et *surprendre*.

Devoir n° 91. Écrivez et récitez les verbes *dire, faire* et *prendre*. Écrivez et récitez les temps primitifs des verbes qui se conjuguent sur ces modèles.

Devoir n° 92. Changez le nombre des phrases suivantes :

Je voyais dans une classe au-dessus de la mienne un écolier dont la sagesse et la vertu se conservaient inaltérables, et je me disais à moi-même que le seul bon exemple à suivre était le sien. Je reçois votre lettre, mon cher enfant, et j'y fais réponse avec précipitation. La chose la plus aisée vous deviendra pénible si vous la faites à contre-cœur. Ne dites pas toujours ce que vous faites, mais pensez toujours ce que vous dites. Tu t'épargnerais bien des regrets si tu suivais les lumières de la raison et que tu n'entreprisses rien au-dessus de tes forces. Fais en sorte que le remords ne trouble pas ta conscience. Comprends-moi au premier signe, et tiens-toi toujours prêt à exécuter mes volontés. L'homme apprend à mal faire en ne faisant rien.

Les paresseux ne feront jamais que des hommes médiocres, en quelque genre que ce puisse être. Instruisez-nous de ce que tu désires que nous fassions. Apprenez à soutenir la grandeur de votre fortune. Le général marcha aux ennemis, les défit et les contraignit à se renfermer dans leurs places fortes. Ne dis jamais que tu feras une bonne action, hâte-toi de la faire. Le menteur et l'hypocrite prennent les dehors de la vertu. Il faut que nous apprenions nos leçons. Il faudra que vous repreniez ce travail. Faites votre devoir quelque pénible qu'il soit. Cet homme redira tout ce que tu lui dis. Une lame énorme, qui vint se briser sur notre vaisseau, fit sombrer la pirogue qui le suivait. Il faudrait qu'il nous dît comment ce malheur est arrivé.

130. Exercice sur les verbes POUVOIR, VALOIR, VOULOIR, et sur leurs dérivés ou analogues.

TEMPS PRIMITIFS.

1 INFINITIF.	2 PART. PRÉS.	3 PART. PASSÉ.	4 PRÉS. DE L'IND.	5 PASSÉ DEFINI.
Pouvoir,	pouv**ant**,	pu,	je peu**x**,	je pu**s**.
Valoir,	val**ant**,	valu,	je vau**x**,	je valu**s**.
Vouloir,	voul**ant**,	voulu,	je veu**x**,	je voulu**s**.

131. *Irrégularités du verbe* POUVOIR.

1° Présent de l'indicatif : Je *peux* ou je *puis*, tu *peux*, il *peut*, nous pouvons, vous pouvez, ils *peuvent*.

2° Futur et conditionnel ; radical, *pour* : Je pourrai, etc.

3° Point d'impératif.

4° Présent du subjonctif : Que je *puisse*, que tu *puisses*, qu'il *puisse*, que nous *puissions*, que vous *puissiez*, qu'ils *puissent*.

132. *Irrégularités du verbe* VALOIR.

1° Présent de l'indicatif : Je *vaux*, tu *vaux*, il *vaut*, nous valons, vous valez, ils valent.

2° Futur et conditionnel ; radical, *vaud* : Je vaudrai, etc.

3° Présent du subjonctif : Que je *vaille*, que tu *vailles*, qu'il *vaille*, que nous valions, que vous valiez, qu'ils *vaillent*.

Sur *valoir* conjuguez : *équivaloir* et *prévaloir*.

Nota. Le présent du subjonctif de *prévaloir* se conjugue régulièrement : Que je prévale, etc.

133. *Irrégularités du verbe* VOULOIR.

1° Présent de l'indicatif : Je *veux*, tu *veux*, il *veut*, nous voulons, vous voulez, ils *veulent*.

2° Futur et conditionnel ; radical, *voud* : Je voudrai, etc.

3° Présent du subjonctif : Que je *veuille*, que tu *veuilles*, qu'il *veuille*, que nous voulions, que vous vouliez, qu'ils *veuillent*.

Devoir n° 93. Écrivez et récitez les verbes *pouvoir*, *valoir* et *vouloir*. Conjuguez oralement les verbes *équivaloir* et *prévaloir*.

Devoir n° 93 *bis*. Changez le nombre des phrases suivantes :

Puisque tu te vantes de ressembler à l'homme, je puis m'en vanter aussi. Un homme mou et amusé ne peut jamais être qu'un pauvre homme ; il ne saurait cultiver ses talents, ni acquérir les connaissances nécessaires, ni s'appliquer courageusement à se corriger. Plus tu vivras, ma chère fille, plus tu regarderas autour de toi, et plus tu verras que nulle part tu ne peux être mieux qu'auprès de ta mère. Cet essai me fit connaître ce que je valais réellement. Certaines douleurs ne veulent pas de consolation. Cette restriction équivaut à un refus. Je ne croyais pas qu'il voulût éviter le combat. Nous n'espérons pas qu'il veuille nous recevoir. Je ne pus soutenir le spectacle de ses **maux**, et je **détournai les yeux**. Je voudrais que les **noms** de ceux qui meurent pour la patrie fussent conservés dans des temples et écrits dans des registres, qui fussent comme la source de la gloire et de la noblesse. Ce vieillard ne voulait rien entendre. Il faut que cette raison prévale dans le conseil qui est assemblé. Je suis le seul qui puisse vous donner quelques renseignements. Je ne crois pas que vos idées prévalent. Ce que je voudrai, il le voudra. Partout où je me plais, j'y reste. Je ne dépends ni d'un cheval, ni d'un postillon. Je n'ai pas besoin de choisir des chemins tout faits, des routes commodes ; je passe partout où un homme peut passer ; je vois tout ce qu'un homme peut voir, et je jouis de toute la liberté dont un homme peut jouir.

CONJUGAISON DES TEMPS COMPOSÉS.

134. Outre les temps simples que nous venons d'étudier, les verbes ont encore huit autres temps qu'on appelle *temps composés*. Ce sont : le *passé indéfini*, le *plus-que-parfait* de l'indicatif, le *passé antérieur*, le *passé* du *futur*, le *passé* du conditionnel, le *futur antérieur* de l'impératif, le *passé* et le *plus-que-parfait* du subjonctif.

135. Chacun de ces temps se compose toujours d'un temps des verbes auxiliaires *avoir* ou *être* et du *participe passé* du verbe que l'on conjugue.

136. Il dépend de la pensée de celui qui écrit d'employer *avoir* ou *être* dans les temps composés. Cependant il est certains verbes qui ne se conjuguent qu'avec *être*. Tels sont : *aller, arriver, décéder, entrer, rester, retourner, tomber, partir, repartir, sortir, ressortir, venir, devenir, intervenir, parvenir, naître, mourir*, etc.

DE L'ACCORD DU PARTICIPE DANS LA CONJUGAISON.

137. Le participe conjugué avec *avoir* reste invariable.

138. Le participe conjugué avec *être* s'accorde avec le sujet du verbe.

139. Le participe d'un verbe *pronominal* s'accorde avec le second pronom lorsque ce second pronom en est le complément direct.

Nota. Les verbes de la 1re *conjugaison* avec leurs temps composés se conjuguent sur le 6e *tableau*.
Les verbes de la 2e *conjugaison* avec leurs temps composés se conjuguent sur le 7e *tableau*.
Les verbes *pronominaux* se conjuguent sur ces mêmes tableaux; seulement il faut se rappeler que ces verbes s'écrivent avec *deux pronoms*, et prennent toujours *être* dans leurs temps composés.

Devoir n° 94. Écrivez et récitez les verbes *appeler, partager, entrer* et *tomber* avec leurs temps composés (6e tableau).

Devoir n° 94 *bis*. Écrivez et récitez les verbes *moudre, acquérir, naître* et *partir* avec leurs temps composés (7e tableau).

VERBES ACTIFS, VERBES NEUTRES.

140. Tout verbe après lequel on peut placer le mot *quelqu'un* ou les mots *quelque chose* est *actif* ou *transitif*.

Le verbe *regarder* est un verbe *actif* ou *transitif*, parce qu'on peut dire : *Je regarde* QUELQU'UN, *je regarde* QUELQUE CHOSE.

141. Tout verbe après lequel on ne peut mettre ni le mot *quelqu'un* ni les mots *quelque chose* est un verbe *neutre* ou *intransitif*.

Le verbe *marcher* est un verbe *neutre* ou *intransitif*, parce qu'on ne dit point marcher QUELQU'UN, ni marcher QUELQUE CHOSE.

Devoir n° 95. Copiez les verbes suivants ; mettez un *a* après les verbes *actifs* ou *transitifs*, et un *n* après les verbes *neutres* ou *intransitifs*.

Demander, appeler, parler, marcher, voir, regarder, naître, consentir, plaire, battre, gémir, pincer, déjeuner, dîner, porter, dormir, étudier, courir, aller, donner, faire, sourire, attendre, appartenir, comprendre, envoyer, manger, sentir, traîner, choisir, réussir, bouillir, bégayer, grasseyer, nager, songer, mourir, toucher, secourir, voyager, cueillir, tenir, partir, mentir, ramener, venir, vivre, dire, répondre, rire, suivre, tomber, mâcher, vouloir, écrire, bondir, succéder, convenir, appuyer, sauver, payer, jeûner, médire.

DU COMPLÉMENT DIRECT.

142. L'être qui reçoit directement l'action exprimée par un verbe actif est le *complément direct* de ce verbe. Ce complément direct est ordinairement représenté par un *nom* ou par un *pronom*.

143. Le complément direct d'un verbe répond toujours à la question *qui?* ou *quoi?* faite après le verbe.

Exemples : *J'aime mon père.* J'aime qui? Mon PÈRE, complément direct du verbe *aimer*.

Je vends mon bien. Je vends quoi? Mon BIEN, complément direct du verbe *vendre*.

144. Le complément direct se place ordinairement après le verbe quand ce n'est pas un pronom ; mais quand le complément direct est un pronom, il se met devant le verbe.

Exemples : *Je* vous *vois*, pour *je vois* vous.

Je L'*entends*, pour *j'entends* LUI.

145. Cependant si le verbe est à l'impératif, le pronom se place après le verbe.

Ex. : *On apporte une lettre, recevez-*LA.

146. Le complément direct peut être représenté par un ou plusieurs noms, ou par un des pronoms *me, te, se, nous, vous, moi, toi, le, la, les, que, lequel, laquelle*, etc.

Devoir n° 96. Copiez les phrases suivantes. Soulignez les compléments directs.

Les moineaux détruisent les insectes nuisibles. Charlemagne fonda un grand nombre d'écoles. La présence du maître engraisse le cheval. Ce meuble nous gêne. Ce jeune homme se trompe. Les fleurs charment l'odorat et la vue. Vous reçûtes un coup d'épée. Vous avez une clef, rendez-la. Le commerce anglais recherche les mâts et les planches de Christiania. Nous nous promenons rarement. Voyez vos amis, avertissez-les. Tout homme se flatte et s'abuse. Les douleurs et la mort suivent l'intempérance. Cette réponse vous blessa. Un prince ne connaît sa force qu'à demi, s'il ne connaît pas tous les grands hommes que la Providence a produits sous son règne. L'homme le plus instruit ignore beaucoup de choses. Tu te trompes. La vanité ne produit rien de bon, et de l'orgueil n'attendez que des vices. La récolte des grains assurait notre subsistance ; la cire et le miel des abeilles que l'une de mes tantes entretenait avec soin, étaient un revenu qui coûtait peu de frais. Son esprit s'amollit et perd toute sa vigueur. Les anciens ont frayé le chemin que nous suivons, et nous allons frayer celui que suivront ceux qui viendront après nous. Le peuple murmure, les grands se plaignent, les sages seuls gardent quelque temps le silence.

DU COMPLÉMENT INDIRECT.

147. L'être qui reçoit indirectement l'action exprimée par un verbe est le *complément indirect* de ce verbe. Les verbes actifs peuvent avoir un complément direct et des compléments indirects, mais les verbes *neutres* ne peuvent avoir que des compléments indirects.

148. Le complément indirect est ordinairement lié au verbe qu'il complète par un des mots *à, de, par, sur, sous, dans, hors,* etc., qu'on appelle *prépositions.*

Ex. : *Nous allons* A PARIS. *Je parlais* DE VOUS. *Tu marches* SUR LE TAPIS.

149. Cependant le complément indirect peut n'être représenté que par un *pronom* placé avant le verbe et employé sans préposition.

Ex. : *Tu* LUI *parleras,* pour tu *parleras* A LUI.

150. Les pronoms qui peuvent être ainsi employés pour représenter les compléments indirects sont :

ME, MOI, TOI, SE, NOUS, VOUS, LUI, ELLE, etc., pour *à moi, à toi, à lui, à nous,* etc. ;

LEUR, pour *à eux, à elles;*

DONT, pour *duquel, de laquelle, desquels, desquelles;*

EN, pour *de lui, d'elle,* etc. ;

Y, pour *à lui, à elle, à cela,* etc.

Devoir n° 96 *bis.* Copiez les phrases suivantes. Soulignez les compléments, mettez un **1** sur les compléments directs, et un **2** sur les compléments indirects.

Je partirai malgré la pluie. Le voyageur n'a point reparu depuis trois ans. Les paroles manquèrent à ma langue. Une mère travaille pour ses enfants. L'aiguille aimantée tend toujours vers le nord. Les peuples nomades vivent sous des tentes. Les habitudes deviennent, par le temps, dans l'homme, de véritables incrustations. La pension te fournira des livres. Cet ouvrier se cassa une jambe. Le messager nous apporte un paquet. Un nouveau professeur t'enseignera la géographie. Ces livres vous appartiennent. Le notaire arrivera demain, vous le verrez, vous lui parlerez, vous vous expliquerez avec lui. Si je vois vos cousins, je leur annoncerai cette bonne nouvelle. Aux petits des oiseaux, Dieu donne leur pâture. La nuit verse quelquefois sur la paupière du malheureux l'oubli des peines de la journée. Il ne faut pas se prêter aux plaisirs ; dès qu'on s'y adonne on se prépare des regrets. Les Égyptiens adoraient les animaux dont ils retiraient quelque utilité. Les sciences auxquelles tu t'appliques sont très-utiles. Cet enfant a des amandes, et il en demande encore. Paul aime l'étude, et il s'y applique. Dans le nord de la Suède, le soleil ne quitte pas l'horizon dans la saison des plus longs jours, et ne se montre point dans la saison des plus longues nuits.

DU PARTICIPE PASSÉ.

151. Il y a trois règles principales pour l'*accord* du participe passé.

152. 1re RÈGLE. Le *participe passé* employé sans *auxiliaire* s'accorde comme adjectif avec le nom ou le pronom auquel il est joint.

Exemple : *Une mère* AIMÉE *de ses enfants*.

153. 2e RÈGLE. Le *participe passé* conjugué avec *être* s'accorde en genre et en nombre avec le *sujet* du verbe.

Exemple : *Les bons élèves seront* RÉCOMPENSÉS.

154. 3e RÈGLE. Le *participe passé* conjugué avec *avoir* s'accorde avec son *complément direct*, si ce complément direct est placé *avant* le participe.

Exemple : *Les deux livres que j'ai* ACHETÉS *sont intéressants*.

155. Mais le *participe passé* conjugué avec *avoir* reste in-

variable si le complément direct est placé *après* le participe, ou s'il n'a pas de complément direct.

Exemples : *Vous avez* ACHETÉ *des livres intéressants.*
Je n'ai TRAVAILLÉ *que pour vous.*

156. Le *participe passé* des verbes *pronominaux*, quoique conjugué avec *être*, suit les mêmes règles que le participe passé conjugué avec *avoir*.

Exemples : *Vos frères se sont* BATTUS *pendant le dîner.*
Ces dames se sont peu PARLÉ.

Devoir n° 97. Conjuguez et récitez les verbes pronominaux *se blesser, se nuire, se tromper* et *se parler*. Indiquez dans la récitation pourquoi les participes passés sont variables ou invariables (6ᵉ et 7ᵉ tableau).

Devoir n° 98. Copiez les phrases suivantes. Indiquez après chaque phrase pourquoi les participes y sont variables ou invariables.

Les belles actions cachées sont les plus estimables. Les eaux tombent des hautes montagnes où sont placés leurs réservoirs. Mon père et ma sœur, attendus depuis deux mois, sont enfin arrivés. Les meilleures harangues sont celles que le cœur a dictées. Ma patrie et ma famille se sont présentées à mon esprit, et ma tendresse s'est réveillée. Quelques-uns de nos auteurs modernes se sont imaginé qu'ils surpassaient les anciens. Les accusés que j'ai entendu condamner étaient coupables. Les avocats que j'ai entendus plaider ont compromis leurs causes. Adèle et Céleste se sont écrit plusieurs lettres. La dame que j'ai entendue chanter est jolie. La romance que j'ai entendu chanter est jolie. Les hirondelles que j'ai vues revenir annoncent le retour du beau temps. Ces rois étaient punis pour les maux qu'ils avaient laissé faire sous leur autorité. La prospérité des impies n'a jamais passé à leurs descendants. Sa bienfaisance nous a aidés dans tous nos malheurs. Le dîner nous attendait, et l'on nous a servis avec empressement. Les montagnes se sont élevées et les vallons sont descendus en la place que le Seigneur leur a marquée. Vous avez fait de grandes fautes, mais elles vous ont servi à vous connaître.

Modèle du devoir.

Les belles actions CACHÉES *sont les plus estimables.*

Le participe passé *cachées* est ici employé sans auxiliaire et s'accorde comme adjectif en genre et en nombre avec le nom *actions* auquel il est joint.

DES PRÉPOSITIONS.

157. Les *prépositions* sont des mots invariables.

158. La *préposition* lie le nom ou le pronom qui la suit au mot qui la précède et exprime en même temps le rapport qui existe entre ces deux mots.

Ex. : *Je dîne* CHEZ *ma mère.*

Le mot *chez* est une *préposition*, parce qu'il sert à lier le nom *mère* au verbe *dîne*, et qu'il exprime en même temps le *rapport de lieu* qui existe entre ces deux mots.

159. Voici les rapports principaux que les prépositions expriment :

1º *De lieu* : Auprès, autour, chez, contre, dans, devant, derrière, en, jusque, parmi, près, proche, sous, sur, vers, vis-à-vis.

2º *De temps* : Après, avant, depuis, entre, pendant, durant.

3º *D'union* : Avec, outre, selon, suivant.

4º *De but* : A, concernant, envers, loin, par delà, pour, touchant, à travers.

5º *D'opposition* : Contre, malgré, nonobstant.

6° *De séparation* : Excepté, hormis, hors, sans, sauf.
7° *De cause et de moyen* : Attendu, moyennant, par.
8° *D'indication* : Voici, voilà.
9° *De spécification* : A, de, en.

Nota. Du, des, au, aux sont des mots composés qui renferment les prépositions *de* ou *à* et l'article *le* ou *les*.

Du est mis pour *de le*, et *des* pour *de les*.
Au est mis pour *à le*, et *aux* pour *à les*.

Devoir n° 99. Copiez les phrases suivantes. Soulignez les prépositions, et indiquez par les chiffres 1, 2, 3, etc., les rapports qu'elles expriment.

De tous les êtres animés, voici le plus élégant pour la forme et le plus brillant pour les couleurs. Le feu de l'amitié échauffe le cœur sans le consumer. Les grands ne dominent sur la terre que pour marcher à la tête des autres hommes dans la voie de la vertu. On peut résister à tout, hors à la bienveillance. La condition des comédiens était infâme chez les Romains et honorable chez les Grecs. Voilà les raisons que j'avais à vous donner ; qu'avez-vous à répondre ? Cela est arrivé pendant que vous étiez absent. Entre lui et moi, je prends Dieu pour juge. Le brave comte de Fontaine se trouva parmi les morts dont l'Espagne sent encore la perte. Les ennemis se sont cantonnés durant tout l'hiver. Nous vous regardions à travers les vitres. Votre cousine se placera devant nous. Nous connaissions cet homme avant de l'avoir vu. Toute la ville sauf le faubourg a été réduite en cendres. La clémence est une bonté envers nos ennemis. Excepté vos sœurs, tout le monde vous désaprouve. Considérez ces grandes puissances que nous regardions de si bas : pendant que nous tremblons sous leurs mains, Dieu les frappe pour nous avertir. Les plus beaux génies s'affaiblissent avec l'âge. Le courrier n'a pu partir, attendu le mauvais temps. Vous avez fait cela nonobstant mes représentations.

DES CONJONCTIONS.

160. Les *conjonctions* sont des mots invariables qui servent à lier les phrases et à marquer les rapports qu'elles ont entre elles.

Ex. *Tous les hommes sont sujets à l'erreur;* OR *vous êtes hommes;* DONC *vous pouvez vous tromper.*
Les mots *or, donc,* sont des conjonctions.

161. Les conjonctions servent encore à lier les parties semblables d'une même phrase.

Ex : *La religion commande des choses difficiles, mais elle n'est* NI *affreuse,* NI *farouche,* NI *cruelle.*
Le mot *ni* qui est répété trois fois dans cette phrase est une conjonction.

162. Les principales conjonctions sont : *car, comment, donc, et, lorsque, mais, ni, or, ou, pourquoi, puis, puisque, quand, que, quoique, si, sinon.*

DES INTERJECTIONS.

163. Les *interjections* sont des mots invariables qui expriment les affections vives et subites de l'âme.

164. Les principales interjections sont : *ah! ha! eh! hé! ô! oh! ho! hélas! ciel! bravo! ouf! bah! holà! fi! grand Dieu! juste ciel!* etc.

Devoir n° 100. Copiez les phrases suivantes. Soulignez les conjonctions et les interjections; mettez un **1** au-dessus des conjonctions, et un **2** au-dessus des interjections.

Le caprice des enfants n'est jamais l'ouvrage de la nature, mais d'une mauvaise dicipline. La brebis et le chien, de tous les temps amis, se racontaient un jour leur vie infortunée. J'ai dit et je répète que vous aviez tort. Ha! vous voilà! je ne vous attendais plus. La loi doit être comme la mort, qui n'épargne personne. Hé! prenez garde! vous allez tomber. Inconstant! oh! voilà votre mot ordinaire. Nul n'est content de sa fortune, ni mécontent de son esprit. Il faut secouer l'âme quand elle est abattue. Ciel! l'ai-je bien entendu! Est-ce une erreur? N'éprouvez pas vos amis si vous voulez les conserver. Votre père ou votre oncle sera nommé président. Quoique le ciel soit juste, il permet bien souvent que l'iniquité règne et marche triomphant. Hélas! sans la santé, que m'importe un royaume? Oh! que l'impatience empêche de biens et cause de maux! Venez à mon secours, car il y a dans vos manuscrits plusieurs pages qui sont illisibles. La vertu mérite une récompense, mais elle ne l'obtient pas en cette vie. Or Dieu ne peut laisser la vertu sans récompense; car il est infiniment juste : il y a donc une autre vie où la vertu sera récompensée.

TABLEAU N° 1.

Verbe AVOIR.

MODE INFINITIF.

Temps présent. *Temps passé.*
Avoir.   Avoir eu.

Participe présent. *Prétérit.*
Ayant.   Ayant eu.

Participe passé.
Eu, eue.

MODE INDICATIF.

Temps présent. *Temps passé indéfini.*

J'ai,
Tu as,
Il *ou* elle a ;
Nous avons
Vous avez,
Ils *ou* elles ont.

J'ai eu,
Tu as eu,
Il *ou* elle a eu ;
Nous avons eu,
Vous avez eu,
Il *ou* elles ont eu.

Temps imparfait. *Temps plus-que-parfait.*

J'avais,
Tu avais,
Il *ou* elle avait ;
Nous avions,
Vous aviez,
Ils *ou* elles avaient.

J'avais eu,
Tu avais eu,
Il *ou* elle avait eu ;
Nous avions eu,
Vous aviez eu,
Ils ou elles ont eu.

Temps passé défini. *Temps passé antérieur.*

J'eus,
Tu eus,
Il *ou* elle eût ;
Nous eûmes,
Vous eûtes,
Ils *ou* elles eurent.

J'eus eu,
Tu eus eu,
Il *ou* elle eut eu ;
Nous eûmes eu,
Vous eûtes eu,
Ils *ou* elles eurent eu.

Temps futur.
J'aurai,
Tu auras,
Il *ou* elle aura;
Nous aurons,
Vous aurez,
Ils *ou* elles auront.

Temps futur passé.
J'aurai eu,
Tu auras eu,
Il *ou* elle aura eu;
Nous aurons eu,
Vous aurez eu,
Ils *ou* elles auront eu.

MODE CONDITIONNEL.

Temps présent.
J'aurais,
Tu aurais,
Il *ou* elle aurait;
Nous aurions,
Vous auriez,
Ils *ou* elles auraient.

Temps passé.
J'aurais eu,
Tu aurais eu,
Il *ou* elle aurait eu;
Nous aurions eu,
Vous auriez eu,
Ils *ou* elles auraient eu.

Temps passé (2ᵉ forme).
J'eusse eu,
Tu eusses eu,
Il *ou* elle eût eu;
Nous eussions eu,
Vous eussiez eu,
Ils *ou* elles eussent eu.

MODE IMPÉRATIF.

Temps présent ou *futur.*
Aie,
Ayons,
Ayez.

MODE SUBJONCTIF.

Temps présent ou *futur.*
Que j'aie,
Que tu aies,
Qu'il *ou* qu'elle ait;
Que nous ayons,
Que vous ayez,
Qu'ils *ou* qu'elles aient.

Temps passé.
Que j'aie eu,
Que tu aies eu,
Qu'il *ou* qu'elle ait eu;
Que nous ayons eu,
Que vous ayez eu,
Qu'ils *ou* qu'elles aient eu.

Temps imparfait.
Que j'eusse,
Que tu eusses,
Qu'il *ou* qu'elle eût;
Que nous eussions,
Que vous eussiez,
Qu'ils *ou* qu'elles eussent.

Temps plus-que-parfait.
Que j'eusse eu,
Que tu eusses eu,
Qu'il *ou* qu'elle eût eu;
Que nous eussions eu,
Que vous eussiez eu,
Qu'ils *ou* qu'elles eussent eu.

TABLEAU N° 2.

Verbe ÊTRE.

MODE INFINITIF.

Temps présent.
Être.

Temps passé.
Avoir été.

Participe présent.
Étant.

Participe passé.
Été.

Prétérit.
Ayant été.

MODE INDICATIF.

Temps présent.
Je suis,
Tu es,
Il *ou* elle est ;
Nous sommes,
Vous êtes,
Ils *ou* elles sont.

Temps passé indéfini.
J'ai été,
Tu as été,
Il *ou* elle a été ;
Nous avons été,
Vous avez été,
Ils *ou* elles ont été.

Temps imparfait.
J'étais,
Tu étais,
Il *ou* elle était ;
Nous étions,
Vous étiez,
Ils *ou* elles étaient.

Temps plus-que-parfait.
J'avais été,
Tu avais été,
Il *ou* elle avait été ;
Nous avions été,
Vous aviez été,
Ils *ou* elles avaient été.

Temps passé défini.
Je fus,
Tu fus,
Il *ou* elle fut ;
Nous fûmes,
Vous fûtes,
Ils *ou* elles furent.

Temps passé antérieur.
J'eus été,
Tu eus été,
Il *ou* elle eut été ;
Nous eûmes été,
Vous eûtes été,
Ils *ou* elles eurent été.

Temps futur.   *Temps futur passé.*

Je serai,	J'aurai été,
Tu seras,	Tu auras été,
Il *ou* elle sera ;	Il *ou* elle aura été ;
Nous serons,	Nous aurons été,
Vous serez,	Vous aurez été,
Ils *ou* elles seront.	Ils *ou* elles auront été.

MODE CONDITIONNEL.

Temps présent ou futur.   *Temps passé.*

Je serais,	J'aurais été,
Tu serais,	Tu aurais été,
Il *ou* elle serait ;	Il *ou* elle aurait été ;
Nous serions,	Nous aurions été,
Vous seriez,	Vous auriez été,
Ils *ou* elles seraient.	Ils *ou* elles auraient été.

Temps passé (2ᵉ forme).

J'eusse été,
Tu eusses été,
Il *ou* elle eût été ;
Nous eussions été,
Vous eussiez été,
Ils *ou* elles eussent été.

MODE IMPÉRATIF.

Temps présent ou *futur.*

Sois,
Soyons,
Soyez.

MODE SUBJONCTIF.

Temps présent ou *futur.*   *Temps passé.*

Que je sois,	Que j'aie été,
Que tu sois,	Que tu aies été,
Qu'il *ou* qu'elle soit ;	Qu'il *ou* qu'elle ait été ;
Que nous soyons,	Que nous ayons été,
Que vous soyez,	Que vous ayez été,
Qu'ils *ou* qu'elles soient.	Qu'ils *ou* qu'elles aient été.

Temps imparfait.   *Temps plus-que-parfait.*

Que je fusse,	Que j'eusse été,
Que tu fusses,	Que tu eusses été,
Qu'il *ou* qu'elle fût ;	Qu'il *ou* qu'elle eût été ;
Que nous fussions,	Que nous eussions été,
Que vous fussiez,	Que vous eussiez été,
Qu'ils *ou* qu'elles fussent.	Qu'ils *ou* qu'elles eussent été.

5.

TABLEAU N° 3.

TERMINAISONS INVARIABLES DES VERBES DE LA PREMIÈRE CONJUGAISON.

MODE INFINITIF.

er.

Participe présent.

ant.

Participe passé.

é.

MODE INDICATIF.

Temps présent.		*Temps imparfait.*	
Je [1].	e,	Je	ais,
Tu	es,	Tu	ais,
Il *ou* elle	e ;	Il *ou* elle	ait ;
Nous	ons,	Nous	ions,
Vous	ez,	Vous	iez,
Ils *ou* elles	ent.	Ils *ou* elles	aient.

Temps passé défini.		*Temps futur.*	
Je	ai,	Je	erai,
Tu	as,	Tu	eras,
Il *ou* elle	a ;	Il *ou* elle	era ;
Nous	âmes,	Nous	erons,
Vous	âtes,	Vous	erez,
Ils *ou* elles	èrent.	Ils *ou* elles	eront.

MODE CONDITIONNEL.

Temps présent ou futur.

Je	erais,	Nous	erions,
Tu	erais,	Vous	eriez,
Il *ou* elle	erait ;	Ils *ou* elles	eraient.

---

[1] La voyelle du pronom *je* se remplace par une apostrophe ('), lorsque le verbe commence par une voyelle ou un *h* muet.
Ex. : J'aime, j'hérite, etc.

MODE IMPÉRATIF.

Temps présent ou futur.

. . . . ons,
e, ez.

MODE SUBJONCTIF.

Temps présent ou futur.		*Temps imparfait.*	
Que je	e,	Que je	asse,
Que tu	es,	Que tu	asses,
Qu'il *ou* quelle	e ;	Qu'il *ou* qu'elle	ât ;
Que nous	ions,	Que nous	assions,
Que vous	iez,	Que vous	assiez,
Qu'ils *ou* qu'elles	ent.	Qu'ils *ou* qu'elles	assent

TABLEAU N° 4.

VERBES PRONOMINAUX DE LA 1ʳᵉ CONJUGAISON.

MODE INFINITIF.

Se   er.

Participe présent.

Se   ant.

Participe passé.

é.

MODE INDICATIF.

Temps présent.		*Temps imparfait.*	
Je me [1].	e,	Je me	ais,
Tu te	es,	Tu te	ais,
Il *ou* elle se	e ;	Il *ou* elle se	ait ;
Nous nous	ons,	Nous nous	ions,
Vous vous	ez,	Vous vous	iez.
Ils *ou* elles se	ent.	Ils *ou* elles se	aient.

---

[1] La voyelle du second pronom se remplace par une apostrophe ('), lorsque le verbe commence par une voyelle et un *h* muet.
    Ex. : **Je m'inquiète, tu t'honores**, etc.

Temps passé défini.   *Temps futur.*

Je me   ai,   Je me   erai,
Tu te   as,   Tu te   eras,
Il *ou* elle se   a ;   Il *ou* elle se   era ;
Nous nous   âmes,   Nous nous   erons,
Vous vous   âtes,   Vous vous   erez.
Ils *ou* elles se èrent.   Ils *ou* elles se eront.

MODE CONDITIONNEL.

Temps présent ou futur.

Je me   erais,   Nous nous   erions,
Tu te   erais,   Vous vous   eriez,
Il *ou* elle se   erait ;   Ils *ou* elles se eraient.

MODE IMPÉRATIF.

Temps présent ou futur.

. . . .   ons-nous,
              e-toi ;   ez-vous.

MODE SUBJONCTIF.

Temps présent ou futur.   *Temps imparfait.*

Que je me   e,   Que je me   asse,
Que tu te   es,   Que tu te   asses,
Qu'il *ou* qu'elle se e ;   Qu'il *ou* qu'elle se ât ;
Que nous nous   ions,   Que nous nous   assions,
Que vous vous   iez,   Que vous vous   assiez,
Qu'ils *ou* qu'elles se ent.   Qu'ils *ou* qu'elles se assent.

TABLEAU N° 5.

TERMINAISONS INVARIABLES DES VERBES DE LA SECONDE CONJUGAISON.

NOTA. 1° N'écrivez pas ce qui est entre parenthèse;
2° N'oubliez pas que les verbes *pronominaux* se conjuguent avec deux pronoms;
3° La 3ᵉ *personne du singulier* du *présent* de l'*indicatif* ne prend pas le *t*, lorsque le radical se termine par une des lettres *c, d, t*.
Ex. : il *vainc*, il *rend*, il *bat*.

MODE INFINITIF.

(Temps primitif n° 1).

r *ou* re

Participe présent.

(Temps primitif n° 2).

ant.

Participe passé.

(Temps primitif n° 3).

. . . .

MODE INDICATIF.

Temps présent.		*Temps imparfait.*	
(Temps primitif (n° 4),		(Radical du participe présent n° 2).	
Je	s,	Je	ais,
Tu	s	Tu	ais,
Il *ou* elle	t;	Il *ou* elle	ait;
Radical du participe présent n° 2).			
Nous	ons,	Nous	ions,
Vous	ez,	Vous	iez,
Ils *ou* elles se	ent.	Ils *ou* elles	aient.

Temps passé défini.		*Temps futur.*	
(Temps primitif n° 5).		(Radical de l'infinitif n° 1).	
Je	s,	Je	rai,
Tu	s,	Tu	ras,
Il *ou* elle	t ;	Il *ou* elle	ra ;
Nous	^mes,	Nous	rons,
Vous	^tes,	Vous	rez,
Ils *ou* elles	rent.	Ils *ou* elles	ront.

MODE CONDITIONNEL.

Temps présent ou *futur.*

(Radical de l'infinitif n° 1).

Je	rais,	Nous	rions,
Tu	rais,	Vous	riez,
Il *ou* elle	rait ;	Ils *ou* elles	raient.

MODE IMPÉRATIF.

Temps présent ou *futur.*

On forme ce temps en supprimant les pronoms des trois personnes JE, NOUS, VOUS, du présent de l'indicatif.

MODE SUBJONCTIF.

Temps présent ou *futur.*		*Temps imparfait.*	
(Radical du participe présent n° 2).		(Radical du passé défini n° 5.)	
Que je	e,	Que je	sse,
Que tu	es,	Que tu	sses,
Qu'il *ou* qu'elle	e ;	Qu'il *ou* qu'elle	^t ;
Que nous	ions,	Que nous	ssions.
Que vous	iez,	Que vous	ssiez,
Qu'ils *ou* qu'elles	ent.	Qu'ils *ou* qu'elles	ssent.

TABLEAU N° 6.

TERMINAISONS DES VERBES DE LA PREMIÈRE CONJUGAISON AVEC LES TEMPS COMPOSÉS.

NOTA. 1° Les verbes pronominaux se conjuguent dans tous les temps avec deux pronoms et prennent *être* au lieu de *avoir* dans les temps composés.

2° Le *participe passé* conjugué avec *avoir* reste invariable.

3° Le *participe passé* conjugué avec *être* s'accorde avec le sujet du verbe.

4° Le *participe passé* d'un verbe *pronominal*, quoique conjugué avec *être*, n'est variable dans la conjugaison que lorsque le second pronom en est le complément direct.

MODE INFINITIF.

Temps présent.
er,

Participe présent.
ant.

Participe passé.
é.

Temps passé.
Avoir *ou* être...

Prétérit.
Ayant *ou* étant...

MODE INDICATIF.

Temps passé indéfini.
(Avec **avoir**).
J'ai...
Tu as...
Il *ou* elle a...
Nous avons...
Vous avez...
Ils *ou* elles ont...

Temps présent.
Je   e,
Tu   es,
Il *ou* elle   e;
Nous   ons,
Vous   ez,
Ils *ou* elles ent.

(Avec **être**).
Je suis...
Tu es...
Il est...
Nous sommes...
Vous êtes...
Elles sont...

Temps imparfait.

Je	ais,
Tu	ais,
Il *ou* elle	ait;
Nous	ions
Vous	iez,
Ils *ou* elles	aient.

Temps passé défini.

Je	ai,
Tu	as,
Il *ou* elle	a;
Nous	âmes,
Vous	âtes,
Ils *ou* elles	èrent.

Temps futur.

Je	erai,
Tu	eras,
Il *ou* elle	era;

Temps plus-que-parfait.
(Avec **avoir**).

J'avais...
Tu avais...
Il *ou* elle avait...
Nous avions...
Vous aviez...
Ils *ou* elles avaient...

(Avec **être**).

J'étais...
Tu étais...
Elle était...
Nous étions...
Vous étiez...
Ils étaient...

Temps prétérit antérieur.
(Avec **avoir**).

J'eus...
Tu eus...
Il *ou* elle eut...
Nous eûmes...
Vous eûtes...
Ils *ou* elles eurent.

(Avec **être**).

Je fus...
Tu fus...
Il fut...
Nous fûmes...
Vous fûtes...
Elles furent...

Temps futur passé.
(Avec **avoir**).

J'aurai...
Tu auras...
Il *ou* elle aura...
Nous aurons...
Vous aurez...
Ils *ou* elles auront...

— 113 —

                                    (Avec **être**).

Nous   erons,   Je serai...
Vous   erez,   Tu seras...
Ils *ou* elles   eront.   Elle sera...
                                  Nous serons...
                                  Vous serez...
                                  Ils seront...

MODE CONDITIONNEL.

                               Temps passé.

                              (Avec **avoir**).
                          J'aurais...
                          Tu aurais...
Temps présent ou *futur*.   Il *ou* elle aurait...
Je   erais,   Nous aurions...
Tu   erais,   Vous auriez...
Il *ou* elle   erait;   Ils *ou* elles auraient...
Nous   erions,   (Avec **être**).
Vous   eriez,   Je serais...
Ils *ou* elles   eraient.   Tu serais...
                          Il serait...
                          Nous serions...
                          Vous seriez...
                          Elles seraient...

MODE IMPÉRATIF.

                         Temps passé antérieur.

                            (Avec **avoir**).
Temps présent ou *futur*.   Aie...
                     e;   Ayons...
                   ons,   Ayez...
                   ez.   (Avec **être**).
                         Sois...
                         Soyons...
                         Soyez...

MODE SUBJONCTIF.

Temps passé.

(Avec **avoir**).

Que j'aie...
Que tu aies...
Qu'il *ou* qu'elle ait...
Que nous ayons...
Que vous ayez...
Qu'ils *ou* qu'elles aient...

Temps présent ou *futur.*

Que je	e,
Que tu	es,
Qu'il *ou* qu'elle	e;
Que nous	ions,
Que vous	iez,
Qu'ils *ou* qu'elles	ent.

(Avec **être**).

Que je sois...
Que tu sois...
Qu'il soit...
Que nous soyons...
Que vous soyez...
Qu'elles soient.

Temps plus-que-parfait.

(Avec **avoir**).

Que j'eusse...
Que tu eusses...
Qu'il *ou* qu'elle eût...
Que nous eussions...
Que vous eussiez...
Qu'ils *ou* qu'elles eussent...

Temps imparfait.

Que je	asse,
Que tu	asses,
Qu'il *ou* qu'elle	ât;
Que nous	assions,
Que vous	assiez,
Qu'ils *ou* qu'elles	assent.

(Avec **être**).

Que je fusse...
Que tu fusses...
Qu'il fût...
Que nous fussions...
Que vous fussiez...
Qu'elles fussent...

TABLEAU N° 7.

TERMINAISONS DES VERBES DE LA SECONDE CONJUGAISON AVEC LES TEMPS COMPOSÉS.

MODE INFINITIF.

Temps présent.   *Temps passé.*
[1] (n° 1)   r *ou* re.   Avoir *ou* être...

Participe présent.   *Prétérit.*
(n° 2)   ant.   Ayant *ou* étant...

Participe passé.
(n° 3)

MODE INDICATIF.

Temps passé indéfini.
(Avec **avoir**).
J'ai...
Tu as...
Il *ou* elle a...
Nous avons...
Vous avez...
Ils *ou* elles ont...

Temps présent.
Je (n° 4)   s,
Tu   s,
Il *ou* elle   t;
Nous (n° 2)   ons,
Vous   ez,
Ils *ou* elles   ent.

(Avec **être**).
Je suis..
Tu es...
Il est...
Nous sommes...
Vous êtes...
Elles sont...

---

[1] Les numéros rappellent les radicaux des temps primitifs.

Temps plus-que-parfait.

(Avec **avoir**).

J'avais...
Tu avais...
Il *ou* elle avait...
Nous avions...
Vous aviez...
Ils *ou* elles avaient...

Temps imparfait.

Je (n° 2)   ais,
Tu   ais,
Il *ou* elle   ait ;
Nous   ions,
Vous   iez,
Ils *ou* elles   aient.

(Avec **être**).

J'étais...
Tu étais...
Il était...
Nous étions...
Vous étiez...
Elles étaient...

Temps prétérit antérieur.

(Avec **avoir**).

J'eus...
Tu eus...
Il *ou* elle eut...
Nous eûmes...
Vous eûtes...
Ils *ou* elles eurent...

Temps passé défini.

Je (n° 5)   s,
Tu   s,
Il *ou* elle   t ;
Nous   ^mes,
Vous   ^tes,
Ils *ou* elles   rent.

(Avec **être**).

Je fus...
Tu fus...
Il fut...
Nous fûmes...
Vous fûtes...
Elles furent...

Temps futur passé.

(Avec **avoir**).

J'aurai...
Tu auras...
Il *ou* elle aura...
Nous aurons...
Vous aurez...
Ils *ou* elles auront...

Temps futur.

Je (n° 1)   rai,
Tu   ras,
Il *ou* elle   ra ;

		(Avec **être**).
Nous	rons,	Je serai...
Vous	rez,	Tu seras...
Ils *ou* elles	ront.	Il sera...
		Nous serons...
		Vous serez...
		Elles seront...

MODE CONDITIONNEL.

Temps passé.

(Avec **avoir**).

J'aurais...
Tu aurais...
Il *ou* elle aurait...
Nous aurions...
Vous auriez...
Ils *ou* elles auraient...

Temps présent ou futur.

Je (n° 1)	rais,
Tu	rais,
Il *ou* elle	rait ;
Nous	rions,
Vous	riez,
Ils *ou* elles	raient.

(Avec **être**).

Je serais...
Tu serais...
Il serait...
Nous serions...
Vous seriez...
Elles seraient...

MODE IMPÉRATIF.

Temps passé antérieur.

(Avec **avoir**.)

Temps présent ou futur.

(On forme ce temps des trois personnes, JE, NOUS, VOUS, du présent de l'indicatif, en retranchant les pronoms).

Aie...
Ayons...
Ayez...

(Avec **être**).

Sois...
Soyons...
Soyez...

MODE SUBJONCTIF.

Temps passé.
(Avec **avoir**).
Que j'aie...
Que tu aies...
Qu'il *ou* qu'elle ait...
Que nous ayons...
Que vous ayez...
Qu'ils *ou* qu'elles aient...

Temps présent ou *futur.*
Que je (n° 2),   e,
Que tu   es,
Qu'il *ou* **qu'elle** e;
Que nous   ions,
Que vous   iez,
Qu'ils *ou* qu'elles ent.

(Avec **être**).
Que je sois...
Que tu sois...
Qu'il soit...
Que nous soyons...
Que vous soyez...
Qu'elles soient...

Temps plus-que-parfait.
(Avec **avoir**).
Que j'eusse...
Que tu eusses...
Qu'il *ou* qu'elle eût...
Que nous eussions...
Que vous eussiez...
Qu'ils *ou* qu'elles eussent...

Temps imparfait.
Que je (n° 5)   ssé,
Que tu   sses,
Qu'il *ou* qu'elle   ^t;
Que nous   ssions,
Que vous   ssiez,
Qu'ils *ou* qu'elles ssent

(Avec **être**).
Que je fusse...
Que tu fusses...
Qu'il fût...
Que nous fussions...
Que vous fussiez...
Qu'elles fussent...

TABLE DES MATIÈRES

CONTENUES DANS LA GRAMMAIRE DES ENFANTS.

	Pages.		Pages
Des noms.	7	Pronoms relatifs.	41
Noms propres et noms communs.	8	Pronoms indéfinis.	41
		Du verbe.	42
Noms abstraits et noms spirituels.	9	Du sujet.	42
		Exercice sur le verbe avoir.	43
Du genre des noms.	11	Exercice sur le verbe être.	44
De l'article.	12	**Première conjugaison des verbes français.**	
Formation du féminin dans les noms.	13		
Du nombre des noms.	17	Exercice sur le présent et l'imparfait de l'indicatif.	45
Adjectifs démonstratifs.	19		
Des personnes du discours.	22	Exercice sur le passé défini et le futur.	46
Adjectifs possessifs.	23		
Adjectifs numéraux.	24	Exercice sur le conditionnel et l'impératif.	48
Adjectifs indéfinis.	25		
Adjectifs qualificatifs. Formation du féminin.	27	Exercice sur le présent et l'imparfait du subjonctif.	49
		Verbes pronominaux.	50
Adjectifs qualificatifs. Formation du pluriel.	32	Verbes en CER.	51
		Verbes en GER.	52
Adverbes.	34	Verbes en IER et en YER.	54
Adverbes de manière.	35	Verbes ayant un e muet ou un é fermé à la dernière syllabe du radical.	55-56
Adverbes de temps.	36		
Adverbes de lieu.	36		
Des pronoms.	38		
Pronoms personnels.	38	Verbes en ELER et en ETER.	57
Pronoms possessifs.	39	Verbes irréguliers, aller, envoyer.	58
Pronoms démonstratifs.	41		

Deuxième conjugaison des verbes français.	Conjugaison des temps composés. 91
	Accord du participe dans la conjugaison. 92
Temps primitifs. 60	Verbes actifs, verbes neutres. 92
Exercice sur le verbe finir et sur ses dérivés ou analogues. 61	Du complément direct. 93
Exercice sur les verbes.	Du complément indirect. 94
Battre, croître, connaître. 62	Accord du participe passé employé sans auxiliaire. 95
Conduire, fuir, conclure. 64	
Contredire, craindre, mordre. 65	Accord du participe passé conjugué avec être. 96
Coudre, dormir, écrire, joindre. 66	Accord du participe passé conjugué avec avoir. 96
Confire, fondre, mettre. 68	Accord du participe passé des verbes pronominaux. 97
Lire, mentir, peindre. 69	
Moudre, naître, plaire, perdre. 70	Des prépositions. 98
	Des conjonctions. 100
Partir, rendre, répandre, rire. 72	Des interjections. 100
	Tableau n° 1. Verbe avoir. 102
Servir, sentir, sortir, rompre. 73	Tableau n° 2. Verbe être. 104
Suivre, vaincre, vêtir, vivre. 74	Tableau n° 3. Terminaisons invariables des verbes de la 1re conjugaison. 106
Haïr, croire, nuire, maudire, résoudre. 76	
Prévoir, pourvoir, taire, suffire, absoudre. 77	Tableau n° 4. Verbes pronominaux de la 1re conjugaison. 107
Verbes irréguliers de la 2e conjugaison.	Tableau n° 5. Terminaisons invariables des verbes de la 2e conjugaison. 109
Exercice sur les verbes.	Tableau n° 6. Terminaisons des verbes de la 1re conjugaison avec les temps composés. 111
Acquérir, courir, couvrir. 79	
Cueillir, mourir, tenir. 81	
Venir, asseoir, concevoir, mouvoir. 83	Tableau n° 7. Terminaisons des verbes de la 2e conjugaison avec les temps composés. 113
Savoir, voir, boire. 85	
Dire, faire, prendre. 87	
Pouvoir, valoir, vouloir. 89	

Saint-Denis. — Typographie de A. Moulin.

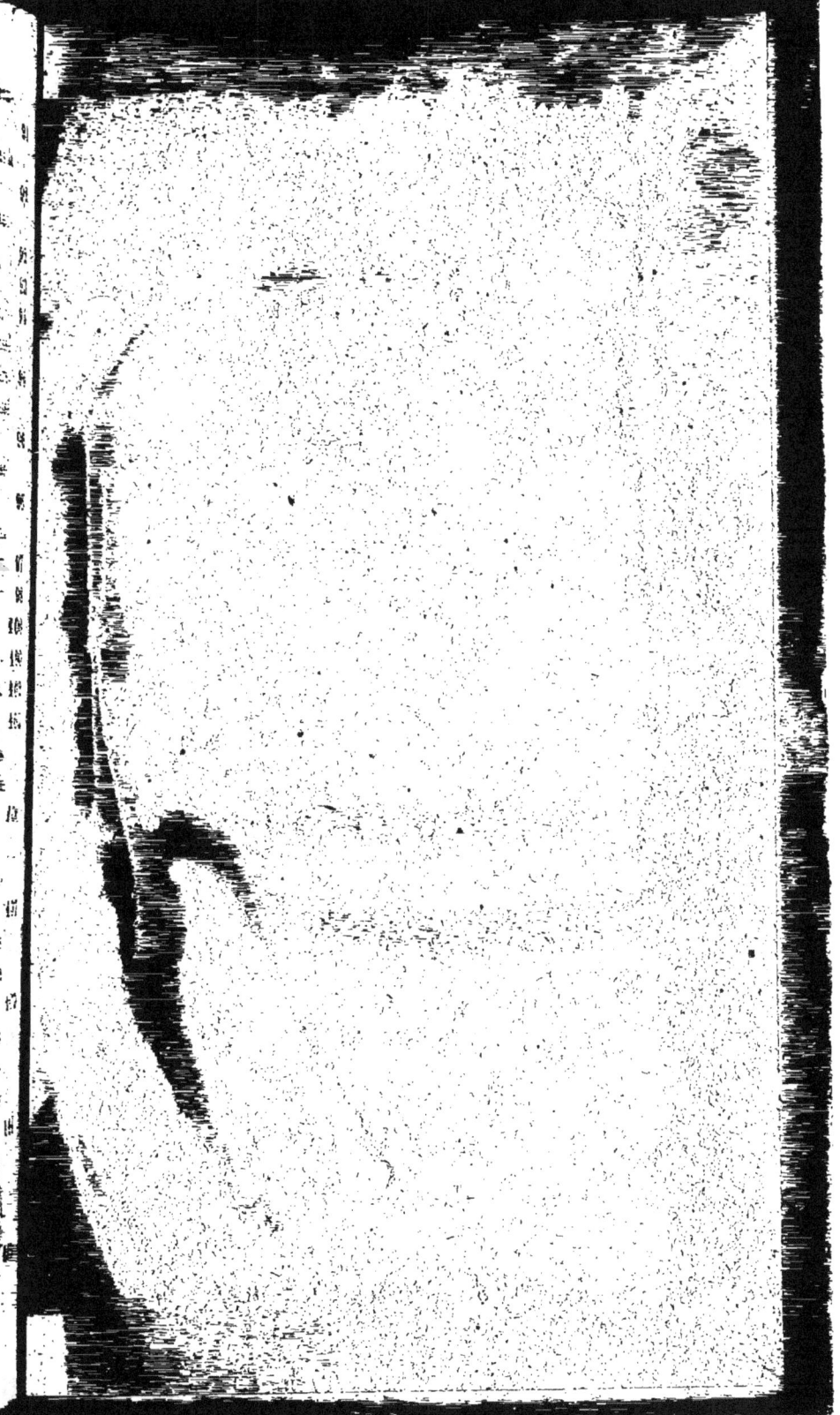

LA MÉTHODE POUR METTRE LA GRAMMAIRE
A LA PORTÉE DE L'ENFANCE

Par **H.-A. Dupont** et **V. Aubursin**

Se compose de 3 volumes.

La Ire **PARTIE**, 8e Édition, comprend :

L'Étude des mots, 1 volume in-12. Prix cartonné. . . . . 1 fr.

La 2e **PARTIE**, 5e Édition, forme :

La Phraséologie française élémentaire, ou Nouveaux Exercices de grammaire,

Comprenant :
1° L'étude de la proposition simple. — Questionnaire.
2° L'étude de la phrase. — Questionnaire.
3° La syntaxe des mots. — Questionnaire.
1 fort volume in-12. Prix, cartonné. . . . . . . 1 fr. 50

LA CITOLÉGIE
à l'usage des Mères de Famille

PAR LE MÊME. 17e Edition, contenant l'application de la Nouvelle Epellation à l'étude de l'Orthographe usuelle. 1 volume grand in-8°, imprimé sur papier jésus vélin broché.   2 fr. 50 c.
Cartonné.   3 fr.
En 1/2 reliure.   4 fr.

Cet ouvrage, approuvé et recommandé par l'**Université** pour les écoles normales primaires, présente deux leçons en regard l'une de l'autre — d'un côté la leçon de l'élève — en regard, l'instruction relative à cette même leçon.

C'est un guide infaillible non-seulement pour l'enseignement de la lecture, mais encore pour celui de l'*orthographe d'usage* dont les procédés, loin d'être *mécaniques*, ne reposent que sur une logique qui influe puissamment sur les études de l'enfance.

C'est un avantage qu'on ne devrait jamais oublier.

LE CALCUL MENTAL
ou
LE CALCUL LE PLUS ÉLÉMENTAIRE,

Par **H.-A. DUPONT**,

Instituteur, chevalier de la Légion d'honneur.

14 Tableaux in-plano, à l'usage des salles d'Asile, des Écoles d'enseignement simultané et d'enseignement mutuel. Prix.   2 fr.

St-Denis. — Typ. de Drouard et A. Moulin.

www.ingramcontent.com/pod-product-compliance
Lightning Source LLC
Chambersburg PA
CBHW070512100426
42743CB00010B/1817